인생 치유서

인생 치유서

발행일	2021년 2월 19일		
지은이	목련		
펴낸이	손형국		
펴낸곳	(주)북랩		
편집인	선일영	편집	정두철, 윤성아, 배진용, 이예지
디자인	이현수, 한수희, 김민하, 김윤주, 허지혜	제작	박기성, 황동현, 구성우, 권태련
마케팅	김회란, 박진관		
출판등록	2004. 12. 1(제2012-000051호)		
주소	서울특별시 금천구 가산디지털 1로 168, 우림라이온스밸리 B동 B113~114호, C동 B101호		
홈페이지	www.book.co.kr		
전화번호	(02)2026-5777	팩스	(02)2026-5747

ISBN	979-11-6539-619-0 03190 (종이책)	979-11-6539-620-6 05190 (전자책)

(주)북랩 성공출판의 파트너

북랩 홈페이지와 패밀리 사이트에서 다양한 출판 솔루션을 만나 보세요!

홈페이지 book.co.kr   •   **블로그** blog.naver.com/essaybook   •   **출판문의** book@book.co.kr

불행을 피하기 위해
반드시 알아야 할 **인생의 원칙**

인생 치유서

목련 지음

북랩 book Lab

들어가며

당신의 삶에 도움이 되길
진심으로 바랍니다.

목차

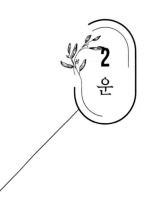

1

사람

✦ 인간관계 잘하는 법

인간은 혼자서 살아갈 수 없으며 세상은 모두 인간관계로 돌아가게 된다. 그리하여 제아무리 잘난 사람이라도 인간관계가 순조롭지 못하다면 본인의 능력을 충분히 발휘할 수도 없고 외로운 인생에 힘들어하며 불행한 인생을 살아갈 수밖에 없다. 모든 인간관계는 단 한 가지만 알고 있다면 순조롭게 진행된다.

내가 돋보이기보다는, 상대방을 돋보이게 해주면 되는 것이다.

모든 인간은 자기중심적으로 생각하고 행동한다. 나의 에고가 다른 사람보다 못하다는 생각이 든다면 괴로워하며 열등감에 사로잡히고 나의 에고를 회복하기 위하여 우월감을 찾게 되며 그곳에서 자만의 미소를 짓는다. 사람은 자신의 우월감을 만족시켜주는 사람과 관계를 지속하고 싶어하며 열등감을 주는 사람은 나와 맞지 않는다 생각한다.

조직 내에서 제아무리 능력이 좋아도 상사의 열등감을 건드리는 사람은 절대로 자신의 능력을 발휘하지 못한다. 반대로 상사가 우월감을 느끼도록 해주는 사람은 중간 정도의 실력만 있어도 자기 능력 이상의 것을 받게 된다.

사적인 모임에서도 겉모습이 화려하고 잘난 사람들에게 사람들이 모여드는 듯하면서도, 결국은 그들은 마음 나눌 친구 하나 없음을 알게 된다. 그와 반대로 적당히 소박해 보이는 겉모습을 하고 적당히 사람들의 말을 잘 들어주는 사람은 상대로 하여금 우월감을 느끼도록 해주기 때문에 사람들이 주위에 끊이지 않게 된다.

이것은 부부관계에서도 적용된다. 너무 잘난 배우자는 상대방을 주눅들게 만든다. 심지어 부모자식 관계에서도 자식이 지나치게 잘난 경우 부모는 자식을 질투하는 일이 발생한다. 사제지간이야 말할 것도 없으며, 비즈니스 관계에서도 열등감을 주는 사람과는 관계가 끊어지는 일이 발생한다.

내가 잘난 것을 알고 나의 우월함을 그대로 내보이면 사람들은 열등감에 사로잡혀 나를 밀어내게 된다. 하지만, 잘난 사람이 겸손함을 가지고 상대방이 무언가 하나라도 우월감을 가질 수 있도록 만들어준다면 인간관계는 매우 순조로워진다.

내가 나 자신을 낮추고 상대방을 돋보이게 하는 것은 손해보는 일이라 생각이 들겠지만 결국 우월감에 도취된 사람들이 또다시 우월감을 얻기 위해 당신을 찾아 우월감을 구걸하게 된다.

그리하여 당신은 원하는 모든 것을 얻게 되는 상황을 경험할 수 있을 것이다.

✦ 삼국지 '유비'의 성공비결

삼국지의 영원한 라이벌 유비와 조조. 유비는 조조에 비하여 능력이 턱없이도 부족한 사람이다. 하지만 조조가 전혀 가질 수 없는 단 한 가지를 유비는 가지고 있었으며 그로 인해 견줄 수조차 없는 능력으로 조조와 세기의 라이벌 구도를 형성한다.

유비는 자신의 능력없음을 알고 있었으며 오로지 仁(인)으로써 목표를 정하며 끝까지 그 마음은 변치 않는다. '인'의 군주 유비의 忍(인)과 仁(인)의 능력은 유비만이 가진 능력이었고 조조를 뛰어넘는 능력이었다.

능력없는 유비에게는 이상하리만큼 능력자들이 모여들었다. 장비를 시작으로 관우, 제갈량, 오호장군까지 유비가 가질 수 없는 능력으로 그들은 유비를 이끌고 보호해주었다. 중요한 것은 그들이 유비를 따르는 것이 아니라 유비를 이끌어주었다는 것이다. 유비는 이들에게 항상 고마워했으며 감사함을 잊지 않았다.

또한, 툭하면 울어댔다.

리더의 자리에 있는 사람이 불쌍한 눈을 하고 울어대고 있으니 측은한 마음이 생기지 않을 수가 없는 것이다. 유비는 그들의 우월 감을 이용할 줄 아는 사람이었다. 사람은 누구나 자신의 우월감을 느끼게 해주는 사람과 함께하고 싶어하며 우월함에 도취되는 순간 정신을 잃게 된다. 장비와 관우, 제갈량과 오호장군은 유비라는 마약에 취해서 능력이 전혀 없는 유비를 위해 자신의 모든 것을 바친다.

그러나 유비는 仁의 마음은 확실히 강한 사람이었다. 사람은 자신이 생각하는 마음으로 타인을 보게 되며 타인 또한 그러한 마음으로 그를 대하게 된다. 즉, 유비는 자신의 仁의 마음을 의심치 않고 그대로 행했기에 타인의 마음을 仁으로 중독시킬 수 있었던 것이다. 포악한 장비가 유비에게만은 仁으로서 유비를 대했던 것과 같다.

조조는 유비를 죽일 수 있는 상황이 있었음에도 불구하고 유비의 仁에 중독되어 제정신을 차리지 못하고 유비를 그대로 믿는 멍청이 같은 일을 저지른다.

유비는 무능력한 능력자였던 것이다.

✦ '인덕'은 내가 만드는 것이다

사람의 생명활력이 높아질 때는 스스로가 가치있다는 생각이 들 때이다. 반대로 스스로 가치없다는 생각이 든다면 생명의 활력은 급격하게 떨어지게 되며 에너지가 하락하며 극단적인 상황까지 오게 된다.

건강한 사람의 경우는 내면의 가치로 스스로를 평가하지만 그렇게 정신력이 강한 사람이 많지 않은 것이 현실이다. 대부분의 사람들은 외면의 가치로 자신을 평가하며 특히 타인의 시선이나 말에 의해 자신의 삶 자체가 좌우된다. 그리하여 자신의 가치를 누군가에게 인정받게 될 때 생명활력이 높아지고, 누군가로 인하여 가치가 위협될 때는 극도의 불안감을 느끼며 그를 두려워하고 그에게 분노하며 멀리하게 된다.

즉, 상대로 하여금 열등감을 느끼도록 만드는 사람은 타인의 가치를 위협하는 사람이며, 우월감을 느끼게 해주는 사람은 타인의 가치를 높여주는 사람이라 볼 수 있다.

그리하여 내가 아무리 잘나고 많이 배운 사람이라도, 상대를 무시하고 상대의 가치를 불안하게 만든다면 인덕이라는 것이 생길 수가 없다. 되레 주위에 적들이 많아지고 다툼이나 불화가 끊이지 않는다.

가치라는 것이 별 것 아닌 듯하지만 가치는 그 사람의 모든 것이다.

내가 살아있는 이유이며, 살아가는 에너지이며, 욕망하는 모든 것이다. 그러한 가치를 무시하고 짓밟는 행위는 상대에게 잊지 못할 증오를 안겨준다. 상대방이 쓸모있는 사람이라는 가치와 우월감을 가지게 해준다면 세상살이가 편안하며 어떠한 힘든 상황에서든 빠져나올 수 있다.

상대방이 베풀 수 있도록 만들어주는 것도 그 사람의 가치를 높여주는 것이다. 그 사람이 귀찮지 않을 정도의 상황에서 호의를 받는다면 그는 당신을 더욱 귀하게 여기게 될 것이다. 상대방이 말을 할 때 그 사람의 알고 있음에 감탄해주는 것도 가치를 높여준다. 무언가를 받았을 때는 행복의 마음을 반드시 표현해주는 것도 상대의 가치를 높여준다. 사람은 누구나 한 가지 이상의 장점을 가지고 있다. 그 장점을 발견하고 칭찬해준다면 그는 가치있음에 삶의 에너지가 올라간다. 누군가 다퉈야 하는 상황이 온다면 사람이 베풀 수 있는 우월감을 자극하는 것도 가치를 높여준다. 불쌍한 표정과 함께 그렁그렁한 눈물을 맺고 감정에 호소한다면 어떠한 일이든 수월하게 풀려가며, 되레 그 사람이 나를 걱정해주기까지 하게 된다.

다만, 나의 마음에 진심이 있어야 상대에게 전달된다. 언제나 선한 마음을 우선으로 살게 된다면, 마흔 살 이후 얼굴에 온화함이 생기게 된다. 어떠한 누구와도 척지지 않으며 나를 위해 무엇이라도 더 해주고 싶어하는 사람들이 주위에 넘쳐나게 될 것이다.

✦ 솔직한 사람

사람은 언제나 정직하고 솔직해야 한다. 정직하고 솔직한 성품을 가진 사람만이 사람의 마음을 얻게 된다. 거짓으로 위장한 사람은 누군가를 현혹시킬 수는 있지만 그 기간은 그리 오래 지속되지 않는다. 거짓이 드러나는 순간 망신과 외로움만 남을 뿐이다.

솔직한 사람들은 주위에 사람이 끊이지 않는다. 그러나 솔직한 사람들 중, 주위에 사람 한 명 없는 이들도 자주 볼 수 있다. 그들의 특징은 본인의 솔직함으로 타인에게 상처를 주는 것을 스스럼없이 행한다는 것이다. 그런 와중에도 본인들은 뒤끝이 없고 쿨하다며 자신의 솔직함을 자랑스러워한다. 그들은 뒤끝이 없을지 모르겠지만 상처받은 사람은 그 상처를 평생 간직하게 된다.

솔직함에 '공손'이 들어있지 않다면, 그것은 솔직한 것이 아니라 '싸가지'가 없는 것이다.

✦충고나 조언을 해주고 싶어요?

대개 충고나 조언은 남을 걱정해 주는 말에서 시작된다.

"내가… 이 말은 안 하려고 했는데…"

"기분 나쁘게 생각하지 말고 들어…"

과연, 충고나 조언을 듣는 사람은 그것을 감사히 받아들일까?

당신의 조언이 그 사람의 인생을 변화시키는 데 어떠한 도움이 될 수 있을까?

전혀 도움이 되지 않는다. 사람은 누구나 자신의 단점을 무의식적으로라도 알고 있다. 본인 스스로 알고 있으면서도 변하기 힘든 것이 사람이다. 하지만 본인이 어떠한 특정 사건을 경험한다거나 마음에 와닿는 글을 읽게 되면 무언가를 깨닫게 되고 조금 더 현명해진다. 즉, 누군가의 말로써가 아니라 스스로 깨닫고 성장하는 것이 인간이다.

사람의 '에고'는 솜사탕처럼 여리고 애처롭다. 그리하여 누군가의 작은 말이나 행동에도 크나큰 상처를 받게 된다. 상처받은 '에고'는 자신에게 상처를 준 사람을 적군으로 분류해버린다. 겉으로는 무신경한 듯 보여도, 상처받은 '에고'의 이성은 마비되는 것이다.

결국 조언과 충고는 '에고'에 대한 공격이다. 공격한 자는 반드시 방어를 해야 하는 입장에 처하게 된다. 즉, 당신이 조언이나 충고 따위를 하는 순간 당신은 그들의 적이 된다.

누군가에게 충고나 조언을 해주고 싶어요?

말하지마~

제발~ 하지마~

제발 말하지 말라고~!

상대방이 조언을 원하더라도 하지 말아야 하는 게 충고나 조언이다. 만약 진지하고 절실하게 조언을 원한다면 상대의 '에고'를 사랑스럽게 어루만지며 '힌트'만을 줘야 한다.

✦함부로 베풀어도
   적이 생긴다

   순수한 마음으로 베푸는 사람이 있는 반면 우월감으로 베푸는 이들도 상당수이다. 베풂에는 누군가에게 재물로 베푸는 것도 있으며, 상처받은 마음을 진정으로 위로해주는 아름다움의 베풂도 있고, 자신의 지혜를 나누어주는 베풂도 있다.

   여기서 가장 문제가 되는 것은 지혜의 베풂이다. 상대방은 전혀 그 지혜에 대해 알고 싶지 않지만 스스로 우월감에 빠져서 자신이 알고 있는 것을 알려주고 싶어하는 마음이 생기게 된다. 이럴 경우 말이 많아지고, 잘난 체한다는 이미지만 강해진다. 상대방은 피곤해하며 그 자리를 빨리 벗어나고 싶어한다. 이것은 베풂이 아닌 우월감의 자기만족인 것이다. 이것은 지식이 될 수도 있고 영성지혜가 될 수도 있다. 자신이 알고 있는 것이 너무 대단하니 상대방도 알고 있기를 바라는 마음이다. 하지만 알고자 하지 않는다면 말하지 않아야 하는 것이 상대에 대한 禮(예)이다.

   상대방이 묻지 않는다면, 입을 다물어라.

그것이 상대방을 위해 진정으로 베푸는 길이다.

또한 상대방이 원하지 않는데 비싼 선물을 주는 것도 베풂이 아니다. 자신이 해주고 싶은 마음은 충분히 이해한다. 하지만 과한 선물을 받은 상대방의 마음속에는 부담감이 자리잡는다. 그러므로 무언가를 선물해 주고 싶다면 소박함에 마음을 담아야 진실한 베풂이 된다.

어려운 처지에 있는 사람들은 재물로 베풂을 받기를 바란다. 하지만 타인의 베풂을 전혀 원치 않는 사람들도 있다. 그들을 위해 함부로 재물을 베풀게 된다면 그들의 마음속에 모멸감을 만들어주게 되므로 그들이 필요하다 말하기 전까지는 먼저 베풀지 않아야 한다. 또한 가난한 이에게 재물을 베푸는 것은 좋은 일이지만 받는 것에 익숙해져버린다면 가난한 그들은 혼자서 일어날 힘을 잃게 된다. 그러므로 함부로 베풀지 않아야 하며 혼자서 어찌할 수 없는 상황에 있을 때, 반드시 도움이 필요할 때 베풂을 실천해야 한다.

✦ 많이 먹으면 배가 부르다

사람은 음식 섭취를 과하게 하면 누구나 배가 부르게 된다. 배가 부른 상태에서도 멈추지 않고 계속해서 먹게 된다면 배가 터져 죽는 상황이 온다. 죽지 않기 위해 배부르다는 신호를 뇌에서 보내게 되면 육체는 살기 위해 '똥'을 싸게 된다. 빠르게 살기 위해서는 '설×똥'을 싸게 되며 그 순간은 고통에 몸부림치더라도 결국은 '똥'으로 인해 살게 된다. 만약 '똥'을 싸지 않는다면 죽을 것이다.

사람이 먹는 것은 음식뿐만이 아니다. 무언가를 보는 행위도 먹는 것과 같으며 듣는 행위도 마찬가지이다. 그밖에도 인간이 살아가면서 하는 모든 행위가 먹고 싸는 행위라 볼 수 있다.

사람이 병이 생기는 이유는 무언가를 잘못 먹어서이다. 그것은 음식일 수도 있고, 스트레스일 수도 있다. 두려움이나 불행한 기분이 드는 것도 좋지 않은 것을 필요 이상으로 받아들이고 다녀서이다.

그래서 무언가 기분이 불쾌하다면 당장 '똥'을 싸야 한다. 똥을 싸는 방법에는 여러 가지가 있으며, 그것이 우리를 살게 하고 편안한 기분을 느끼게 해준다. 배설의 기쁨이라 볼 수 있는 것이다.

누군가에게 욕을 많이 먹었을 때는 욕을 해서 배설해줘야 한다.

아무도 없는 곳에서 온갖 욕을 하면서 입으로 똥을 싸준다면 시원한 기분이 들 것이다. 각종 스트레스로 독소가 쌓여있을 때는 땀으로 배설해줘야 한다. 독기를 품고 운동을 하다가도 땀이 나오는 순간 마음이 여유로워짐을 느낄 것이다. 내가 왜 화를 냈었는지 생각도 나지 않는다.

이유도 없이 되는 일이 없을 때는 타인에게 돈을 써주는 것이 필요하다. 남에게 얻어먹는 것 좋아하는 사람들은 각종 질병에 시달리게 되며 되는 일이 결코 없는 것을 우리는 자주 목격한다. 그러므로 자신이 그러한 인간이라면 돈을 쓰고 단명을 피해야 한다.

배설을 하는 행위 중 가장 신선한 행위는 몸 안을 텅 비우고 명상을 하는 것인데, 이것은 어느 정도 수준에 이르러야 가능하므로 일단 입으로 똥을 싸고 땀으로 배출하는 것이 현재로서 할 수 있는 가장 빠르고 현실적인 치유행위라 볼 수 있을 것이다.

"배가 부르면 똥을 싸라."

✦ 마음은 말에서 드러난다

긴장하지 않는 자리에서는 사람은 대부분 비슷한 패턴으로 생각하고 말하게 된다. 누구나 자신의 생각이 말에 반영되는 것이다. 그러므로 그 사람이 어떤 말을 하는지를 조금만 귀를 기울여 듣게 된다면 그 사람의 마음을 들여다볼 수 있다. 사람은 자신의 무의식을 타인에게 투사하는 버릇이 있다. 즉, 자신의 내면을 타인에게 투사함으로써 생각이나 말로 드러내게 된다. 타인에 대해 어떠한 말을 하느냐, 그것이 바로 그 사람의 본성이다.

천박함을 말하는 사람은 자신의 천박함을 숨기고 싶은 마음이며, 무식함을 말하는 사람은 자신의 무식함을 숨기고 싶은 마음이며, 외모나 성형에 대해 말하는 사람은 자기 외모의 열등함을 숨기고 싶은 마음이며, 타인의 과거를 들먹이는 사람은 자신의 과거도 깨끗하지 않은 사람이다.

그럼 타인에 대해 좋은 감정이 있는 사람은 좋은 이야기만 할 것이라 생각하겠지만 에너지가 높은 사람들은 남의 이야기를 잘 하지 않는다. 낮은 에너지, 그리고 열등감이 많은 사람들의 대화는 오로지 타인에 대한 대화이며 겉으로 보이는 이야기뿐이다.

돼지의 눈에는 돼지만 보인다는 것은 완벽한 진실이다.

✦ 싫은 사람 대하는 법

"안 보면 된다."

싫은 사람을 군이 만나가며 내 소중한 시간과 돈을 낭비할 필요가 없다. 내 마음은 전혀 끌리지 않는데도, 억지로 그 사람을 위해 나의 시간과 돈을 쓰게 된다면 나는 그 사람을 미워하는 마음의 죄를 짓게 되며 욕하는 구업까지 짓는 업보를 쌓게 되므로 안 보는 것이 나 자신을 위한 가장 현명한 지혜로움이다. 싫은 당신을 보지 않겠다고 선언한다면 적을 만드는 꼴이 되므로 그냥 마음이 시키는 대로 그 사람을 내 인생에서 배제시키며 나는 내 일을 하고 살아가면 되는 것이다.

나는 내가 좋아하는 사람들과의 만남에 최선을 다할 수 있으며 더욱 그들을 사랑할 수 있고 선한 마음을 쌓을 수 있는 덕을 만들게 된다. 그러므로 싫은 사람은 안 보면 되는 것이다.

우리는 신이 아니므로 싫은 사람을 억지로 사랑할 수 없으며 모든 이웃을 마음으로 품지 못한다. 싫은 사람까지 마음으로 품겠다는 억지스러움을 갖게 된다면 마음의 악과 노여움만 만들어지니 모든 이웃을 사랑한다는 것은 내 마음을 지옥으로 만드는 길이다. 그와 반대로 내가 좋아하는 사람들에게 진실된 사랑을 나누어준다면 내 마음은 천국일 것이다.

✦ 인간관계로 인한 카르마의 소멸 방법

우리는 모두 業(업)을 가지고 이 세상에 태어난다. 전생의 업을 해결하는 것이 현생을 살아가고 있는 목적이기도 하다. 업을 소멸한다면 단계이동을 하여 다음 생을 살아가게 되며, 업을 소멸하지 못하고 죽게 된다면 똑같은 業(업)을 짊어지고 다시 태어나게 되는 것이다.

전생에 풀지 못한 어떠한 관계를 현생에 반드시 풀어야 한다. 업이 주는 숙제를 완수해야만 남은 현생 또한 편안하며 다음 생을 준비할 시간이 주어진다.

업을 풀어내는 방법은 단 한 가지, 사랑이다. 미친 듯이 사랑을 표현하라는 것이 아니라 그저 조용히 용서하며 지켜보는 것이다. 업으로 얽힌 사이는 나와 가장 가까운 가족이나 연인, 동료인 경우가 대부분이다. 나를 힘들게 하는 사람은 반드시 내 옆에 있을 것이며 그와 문제를 풀어야 업은 소멸된다.

무조건적으로 그들을 사랑하기에 인간의 마음은 넓지 못하다.

그저 미운 마음을 내려놓고 지켜보는 것만으로도 사랑의 힘이 생겨난다. 업을 풀어내겠다고 그들과 더욱 자주 접촉하고, 더욱 가까이한다면 되레 업이 쌓이게 된다. 그러므로 당분간은 눈으로 보지 말고 생각을 하지 말아야 한다.

미움도 사랑도 모든 것에 대한 집착을 내려놔야 업의 소멸이 시작된다. 당분간 생각을 하지 않고 살아간다면 자연스럽게 그들에 대한 집착이 사라지게 되며 그 이후 그들을 만났을 때 자연스러운 용서의 감정이 생겨난다.

업의 소멸을 하겠다고 무언가에 대해 계속 집착을 한다면 되레 업의 기운이 강력해진다. 중도를 지키는 것이 업을 소멸시키는 방법이며 중도만이 용서와 사랑의 감정을 가질 수 있게 만들어준다.

미운 그들을 내 마음에서 우선은 내보내야 한다.

✦ 신은 나를 가장 사랑한다

신은 나의 영혼이며 사랑이다. 그리하여 신은 선하며 배려심이 있고, 따뜻한 마음이 있는 사람에게 사랑을 베풀게 되며 그가 원하는 모든 것을 선물해준다.

신은 타인을 나와 같이 사랑하는 사람에게 미소를 보낸다. 하지만, 부정적 에너지를 강하게 가진 사람을 가까이하는 나를 본다면 신은 나에게 등을 돌려버리며 스스로 깨닫도록 고통의 시간을 안겨준다.

신은 나 자신을 내버려둔 채 타인만을 위하는 삶을 살아가는 것을 원치 않는다. 타인을 품어줄 수 있는 거짓되지 않은 마음을 가질 때 누군가를 사랑할 수 있으며, 내가 나를 사랑하지 못한다면 결코 다른 사람을 사랑할 수 없음을 신은 알고 있는 것이다.

누군가 부정적인 에너지로 나 자신을 사랑하지 못하도록 나를 힘들게 한다면 신은 내가 그를 멀리할 때까지 나를 지켜보기만 할 뿐이다.

그것은 언제 끝날지 모를 기다림이다. 오로지 나 자신이 깨달음에 눈을 떠야 신을 다시 만날 수 있다. 신은 지켜보며 나를 위해 눈물을 흘리고 있을 뿐이다.

그들은 내가 이 세상에 태어나 처음 만나는 사람들일 수도 있으며 세상을 살아가면서 사랑이라는 거짓으로 묶여버린 인연이기도 하다. 신은 나를 너무 사랑하여 그 인연으로 인한 내 아픔을 원치 않으니 고통을 안겨주시어 내가 바른 길로 가도록 지켜보며 기다리고 계신다.

✦ 10년 전의 나는
내가 아니다

사람의 삶과 죽음의 반복은 윤회이다. 우리는 죽음이라는 것에 들어서야 다시 태어난다고 알고 있었다. 하지만 우리는 이 세상을 살아가면서도 끊임없이 윤회하고 있다.

불교와 힌두교에서는 사람의 세포는 7년이면 모두 변한다고 하며, 의학에서도 10년이면 사람의 세포가 다시 태어난다 말하고 있다. 운명학에서도 10년마다 대운에서 사람은 변화를 겪게 된다.

즉, 우리는 10년 전의 우리가 아니며, 우리는 평생을 살면서 보통은 6번, 많게는 9번까지도 다시 태어나고 있는 중이다.

하지만 끈질긴 에고는 우리에게 달라붙어 우리가 다시 태어났음을 인지하지 못하게 방해하고 있다.

과거란 이미 지나간 시간이며 에고의 기록에 저장된 실재 없는 허상이다. 에고는 과거에 연연하면서 죄책감에 시달리도록 우리의 영혼을 끊임없이 공격하며 우리의 에너지로 자신의 몸집을 더욱 키

워나간다.

우리는 현재의 시간을 살아야 하며, 실재 없는 과거와 오지도 않은 미래의 두려움으로 우리의 영혼을 갉아먹는 일은 그만둬야 한다. 우리가 현세의 삶에서 계속 윤회를 반복하는 것은, 과거의 기록을 기억하여 현재를 발전시키라는 신의 깊은 뜻이다. 죄책감에 시달리며 힘들어하는 것은 영혼을 갉아먹기 위한 에고의 공격일 뿐이다.

사람이 다시 태어나게 될 때는 여러 가지 변화를 겪게 된다. 가장 많은 변화는 변동이나 이동이 있는 것이다. 또는 에너지의 진동이 빨라지니 내 몸이 빠르게 움직이기도 한다. 끊임없이 바쁘고 해야 할 일이 많아진다. 혹은 운동을 시작하기도 하여 진동에너지에 적응한다. 그동안 변하지 못했던 세포들이 남은 시간 안에 빠르게 변화해야 하므로 이유 없이 컨디션이 약해지며, 몸이 아프고, 병원에서도 딱히 병명을 찾지 못할 수도 있을 것이다.

이럴 때는 빠르게 몸의 순환을 시켜주는 것이 필요하다. 림프마사지를 하거나, 발과 아랫배를 따뜻하게 해줘야 하며, 머리를 시원하게 하고, 반신욕도 좋으며, 명상이나 기도를 하여 불안정한 마음에도 안정을 취해야 한다.

다시 태어나는 변화를 겪는 시기에 스트레스를 끊임없이 받게 된다면 몸에 병을 달고 태어나게 된다. 이 시기에 마음이 병적으로 불안한 경우 암이나 심장질환 혹은 사지에 병이 생기기도 하며, 머리가 빠지거나, 생각지도 않은 잡병들이 생기게 된다.

태교를 하듯 편안한 마음을 가져야 하는 시기이다.

내가 태몽을 꾼다거나 주위에서 태몽을 꾸는 경우도 발생한다. 시력과는 무관하게 항상 보던 것, 항상 먹던 것들이 뚜렷해짐을 느낀다. 반복되는 일상이었는데 무언가 새로움과 신선함이 느껴진다. 기존에 알던 사람과의 만남이 줄어들거나 이별을 할 수도 있으며, 새로운 인연이 만들어지기도 한다.

사람은 10년마다 다시 태어난다.

10년마다 영유아기를 경험하며 성인으로 성장한다. 생명의 수명을 10년으로 본다면 6개월은 성장 시기로 볼 수 있다. 즉, 다시 태어난 후 6개월은 나를 만들어가는 시기라 볼 수 있는 것이다. 이 시기에는 누군가와 경쟁해서 이길 수도 없으며, 나를 드러내게 된다면 사회에서 상처받는 일이 생기게 된다. 잠룡의 시기이며 기다려야 하는 시기이다.

이 6개월의 기간은 사회로 나가기 위해 준비를 해야 하는 시기이다. 수험생과 같이 치열하게 공부해야 하는 기간이다. 인생에서 가장 바쁘게 살아야 하지만 결과를 얻지는 못한다. 하지만 6개월의 기간이 지난다면 반드시 자기 노력만큼의 결과를 얻게 될 것이다.

이 시기에는 성장통을 겪게 된다.

마음이 불안정하며 내가 앞으로 무엇을 해야 하는지 알 수 없다. 지금 하는 일이 잘하는 것인지 잘못된 것인지도 알기 어렵다. 하지만 그 마음을 이겨내야 하며 자신의 길을 굳건하게 걸어가야 한다.

이 시기에 나 자신을 발전시키지 못한다면 앞으로의 남은 인생 또한 크게 달라지지 않을 것이다. 전에 살던 10년의 인생이 반복될 뿐이다. 하지만 성장통을 이겨내고 나 자신에 대한 믿음으로 나를 발전시킨다면 완전히 다른 인생의 길로 들어서게 된다.

✦ 왜 부모와
비슷한 삶을 사는가

사람은 독립된 하나의 유기체로 보이지만 독립되지 않는 복잡한 에너지장으로 구성되어 있다. 혼자서는 에너지가 발생하지 않으며, 반드시 누군가로 인하여 스위치가 켜져야 에너지로서 완전해진다.

사람의 에너지는 결국 누군가의 에너지로 인하여 만들어지며 그것이 모여 자신만의 고유 에너지로 완성된다. 즉, 나와 가까운 사람의 에너지로 내가 만들어지는 것이다.

사람의 에너지는 생각과 감정을 가지고 있다. 그리하여 에너지가 옮겨가는 과정은 생각과 감정이 옮겨가는 것과 같다. 특히, 사람에게 이제 막 에너지장이 만들어지기 시작하는 영유아기 시절은 에너지 안에 감정의 영향을 많이 받는다. 영향을 가장 많이 주는 사람은 부모이며 부모의 감정과 생각을 그대로 이어받는다. 만약 조부모가 아이를 양육했다면 조부모의 생각과 감정을 닮게 된다. 결국은 나이가 들어서도 어릴 적 형성되었던 에너지장으로 인하여 부모의 삶을 따라가는 패턴을 만들게 되며 부모와 비슷한 삶을 살아가는 것이다.

나의 영혼과 부모에게 받은 에너지가 비슷한 경우에는 건강하게 성장하고 긍정적으로 살아가게 되지만, 영혼과 무관한 에너지로 물드는 경우 항상 불안하고 초조한 삶을 살아가게 된다.

부모로부터 받은 에너지를 자신에게 투입시켜 나의 성격으로 형성하며, 그것을 자신의 '자아'라 받아들이며 살아가게 되는 것이다. 나의 영혼은 건강한 에너지이다. 그리하여 건강한 에너지가 투입된 아이들은 건강한 생각을 가지고 성장하게 되며, 안정적이고 선함과 배려가 있는 성인이 된다. 하지만 그와 무관하게 두려움과 불안정의 에너지가 투입되면 아이 또한 불안정한 삶을 살아갈 수밖에 없는 것이다.

그러나 성인이 되어 부모와 거리를 두고 살아가게 된다면 또 다른 에너지를 투입받게 된다. 만약 건강하고 안정적인 에너지들과 교류가 생긴다면 불안정한 에너지는 더 이상 내 에너지장에 영향을 주지 못한다.

만약 성인이 되고도 부모와의 애착관계가 집착 수준으로 이어진다면 부모와 똑같은 삶을 살아가게 되며, 내 아이 또한 다르지 않은 삶을 살아간다.

✦ 사람들이 나를
  어떻게 바라볼까?

'저 사람이 나를 바보 같다고 생각하면 어쩌지…'

'저 사람이 나를 못생겼다고 생각하면 어쩌지…'

'저 사람이 나를 없어 보인다 생각하면 어쩌지…'

사람들이 나를 바라보는 마음을 당신은 이미 알고 있다. 사람들은 나에게 그다지 관심이 없다. 그래서 깊게 생각하지 않는다.

그리하여 생각을 하지 않는 틈 사이로 나의 감정 에너지가 흘러들어가 내가 생각하는 그대로 상대방이 나를 바라보게 만든다.

사람들은 본인 스스로 생각하며 살아간다고 여기지만 생각을 하는 것에는 엄청난 에너지가 필요하므로 그저 남의 생각이 내 생각인 줄로만 알고 의식하지 못한 채 살아간다.

즉, A라는 사람을 바라볼 때의 내 생각과 감정은 사실 A의 생각과 감정을 끌어다가 내 것이라 착각하고 있는 것이다.

내가 생각한 대로 그 사람은 나를 생각한다.

그 사람의 생각이 먼저가 아니라 내 생각이 먼저 시작된 것이다.

가끔 근거 없는 자신감을 가진 사람들을 보면 머리로 이해가 되지 않을 때가 있다. 아무것도 없는 것 같은데 매력이 있으니 혼란스럽다.

그것은 결국 그 자신감을 가진 사람의 에너지가 나에게 흘러들어와 나의 생각과 감정이라고 착각하는 것이다. 머리로는 아닌 듯 하면서도 그 사람에게 매력을 느끼게 된다.

대단한 실력에도 불구하고 성공하지 못하는 이유는 모두 당신의 두려움 때문이다. 대단한 실력이 아니더라도 성공을 하는 이유는 모두 당신의 자신감 때문이다.

✦ 우리 강아지는
무슨 생각을 할까?

　인간은 오라의 에너지를 발산한다. 그것은 자신의 감정에 따라 변하는 에너지이며 인간의 눈에는 보이지 않는다. 간혹 오라를 보는 사람이 존재하기도 한다.

　본래 오라는 인간이 순수할 때는 모두 볼 수 있었지만 인간의 마음이 관념과 악으로 물들여지면서 오라를 보는 마음의 눈을 잃게 되었다. 하지만 동물들은 인간의 오라를 감지할 수 있으며 우리와 같이 살고 있는 강아지와 고양이 모두 오라를 보고 있다.

　그래서 우리가 슬퍼할 때 우리의 강아지는 내 옆에 와 같이 슬퍼해주며, 자신의 감정이 우리보다 더욱 슬픈 상태가 된다. 너무 순수한 영혼이기에 동물들은 물들지 않은 자신에게 우리의 감정 상태를 그대로 반영하게 되므로 우리의 감정보다 더 힘든 감정을 가지게 되는 것이다. 그리하여 나의 슬픔과 아픔이 지속될수록 우리 강아지와 고양이들은 나보다 더욱 힘든 감정 상태에 놓이게 된다.

　강아지들은 자신을 돌봐주는 사람들과 비슷한 성향을 가지는 것을 볼 수 있다. 그래서 보호자가 장난꾸러기라면 강아지도 장난꾸러기와 같은 성향이 있으며, 보호자가 친밀하면 강아지도 친밀함 그 자체가 되고, 보호자가 예민하다면 강아지도 예민하며, 보호자가 까칠하다면 강아지도 까칠해지는 경우를 많이 볼 수 있는 것이다.

내가 외롭다고 강아지를 데려다 키운다면 강아지는 더욱 외로워지고, 내가 강아지를 행복하게 해주고 싶다면 강아지는 더욱 행복해진다.

강아지가 시름시름 앓고 있다면 나의 감정 상태를 살펴봐야 한다. 반대로 강아지가 발랄하게 웃고 있다면 나는 꽤나 건강한 상태일 것이다.

✦ 나는 누구인가?

인간은 몸과 영혼으로 물질화한, 의식이 있는 사람이다. 창조주는 인간에게 높은 의식을 주입시켰으며, 인간은 지구상에서 가장 높은 의식으로 인하여 물질세계의 왕이 되었다.

인간은 태어날 때에 어떤 의식이나 마음도 가지고 있지 않았다. 갓난아이는 어떠한 의식도 가지고 있지 않은 것이다. 하지만 조금씩 시간이 지나면서 사람은 자신만의 의식을 갖게 되며, 사람마다 의식의 수준이 조금씩 달라지기도 한다.

즉, 인간이란 시간이 지나면서 의식을 갖게 되는 것이다.

점점 고도화된 의식을 갖게 되며, 그것이 마음을 만들어간다. 마음이란 결국 자신의 환경이나 생각에 따라 만들어진 것에 불과하다.

내가 생각하는 나는 결국 내가 아니다.

세상이 만들어낸 관념이 주입되어진 '에고'일 뿐이다.

시간이 흘러갈수록 관념이 많아지고 단단한 '에고'로 자리잡게 된다. 나의 '에고'는 내가 아니다.

마음은 살아가면서 만들어진 '관념'에 불과하며, 당신이 아니다. 마음이라는 이름으로 만들어진 프로그램으로 인하여 당신은 그것이 '나'라고 생각하며 로봇처럼 움직이는 삶을 살아가고 있다.

'나는 슬퍼…'

'나는 기뻐…'

'나는 분노해…'

'나는 행복해…'

생각이란 당신이 애초에 가지고 있던 감정이 아니었으며 살아가면서 만들어진 '관념'이다. 그것에 의해 당신은 즐거워하기도 하고 불행해하기도 한다.

당신은 마음과 육체가 아닌, 영혼과 육체로 되어 있는 사람이다. 그러한 영혼을 찾아가는 것이 인생을 살아가는 삶의 목적이다.

신이 인간에게 높은 의식을 주신 것은, 우리 스스로가 신을 찾아오라는 신의 자비이며 시험인 것이다.

"너 자신을 알라." - 아폴로 신(神) -

✦과학자들이
산으로 들어간 이유

물리학자들은 전자의 운동성을 살펴보는 실험을 하였다. 당연히 파동이라고 생각했던 전자가 관찰이 되면 입자로 변해버리고, 관찰이 되지 않는다면 파동 상태가 되었다. 수없이 연구를 반복해도 결과는 다르지 않았다.

과학자들은 '오~ 마이~ 갓~!'을 외치며, **갓**을 찾아 불교에 입문하고 신을 연구하기 시작했다.

이것은 물질이 곧 허공이며, 허공이 곧 물질이라는 부처님의 말씀을 과학적으로 입증한 사건이었다.

세상에 A라는 사람과 B라는 사람이 살고 있다. 둘은 배고팠다. 하지만 둘에게는 콩 한 쪽밖에 남은 식량이 없었다. 배고픈 A는 콩을 혼자 먹겠다는 욕심에 B를 죽이고 말았다. 그럼 콩을 A 혼자 먹는 것이 일반적인 상식이다. 하지만 A가 B를 죽이는 순간, A는 파동처럼 사라져버린다. 즉, 관찰자가 없다면 우리는 우주의 먼지가 돼버린다.

과학적 실험의 거부할 수 없는 결과로 멘탈이 붕괴된 물리학자들이 신을 연구하기 시작하고 머리 깎고 산으로 들어가는 웃지 못할 일들이 생기기 시작한다.

스티브 잡스의 아이팟에는 단 한 권의 책이 들어있었다. '영혼의 자서전' 영성책이었으며, 잡스는 항상 불교를 따르며 살았다. 아인슈타인 역시 과학과 공존할 수 있는 종교는 불교라 말하며 진리를 연구했다.

물리학자 출신의 스님들이 많아지고 있으며, 영성책 또한 물리학도들에 의해 논리적으로 쓰여지고 있는 세상이다.

그들이 우리보다 무식해서 신을 믿고 연구하고 있는 것일까? 누구보다 논리적이고, 현실적이고, 과학적인 그들이 신을 연구하고 믿고 있으며, 언젠가는 신도 과학적으로 증명이 될 것이다.

신이 과학자들에게 당신을 허락하셨다. 서로 죽고 죽이는 인간들을 보면서 신은 자비를 베푸시고 있다.

신은 인간을 불쌍히 여겨, 보이는 것만을 믿는 인간을 위해 과학으로 당신을 입증하라 허락하고 계신 것이다.

✦ 신은 있다

나는 종교가 없다. 하지만 신이 있음을 알고 있으며, 신을 믿는다. 사람들은 신의 형상을 만들어놓고 신에게 기도를 한다. 그러나 신은 결코 그들이 만들어놓은 형상이 아니다. 그래도 사람들은 유명한 형상들을 찾아다니며 기도하고 소원을 빈다. 사람의 생각이 물질을 만들어내니, 마음을 다해 형상에 기도를 하고 소원을 빈다면 어느 정도 소원이 이루어지는 기적이 생기게 된다. 그리하여 사람들은 그 형상이 소원을 들어줬다 믿게 되며 더욱 형상에 집착한다.

그럼 도대체 신은 무엇이란 말인가?

신은 우리와 매우 가까이 있으며, 바로 여기에 있다. 언제나 나와 함께하며, 신은 우리를 항상 지켜보고 있다. 다만 우리가 살아가면서 만들어낸 '관념'이라는 장벽에 가려져 신을 만날 수가 없을 뿐이다.

신을 만나기 위해서는 내 마음을 거둬내야 한다. 즉, 모든 것을 비워내야 신을 만날 수 있으며 그것을 대지혜 '깨달음'이라 말하고 있다.

우리는 살아가면서 만들어낸 '관념' 때문에 신을 만날 수는 없지만 항상 느끼고 살아간다. 신을 느꼈을 때 내가 완전하게 살아있음을 알게 된다.

신을 느낄 때는 누군가에게 진심으로 사랑을 베풀 때이다. 그래서 물질적으로, 심적으로, 시간적으로 손해라는 것을 알면서도 전혀 손해라 느끼지 않으며 나 스스로 움직이게 된다. 내 영혼의 움직임이라 말하는 것이 더욱 정확하다.

내가 누군가를, 혹은 어떠한 생명을 안쓰러워하고 사랑할 때, 그에게 내 정성을 다할 때 내 영혼은 황홀함으로 행복해진다. 그것은 남녀 간의 사랑이 아니며 그것과는 전혀 견줄 수 없는 사랑이다.

하지만 그런 영혼의 황홀함을 느끼고 나서도 다시 마음으로 돌아온다. 내 마음에서 손해보는 짓을 하고 있다고 나를 책망하는 것이다. 그래서 손해는 좋지 않은 것이라는 관념으로 인하여 신을 느끼는 일이 점점 줄어들게 된다.

그러나 그 황홀함을 잊지 못한 일부의 사람들은 인생을 타인을 위해 사랑하고 봉사하며 살아가게 된다. 관념에 사로잡힌 사람들은 그들이 칭찬받을 사람이라고 말하고 있으면서도 왜 그러고 사는지 이해를 전혀 하지 못한다. 그들은 타인이 볼 때는 다른 사람을 위해 살아가는 듯하지만 결국 신을 느끼면서 자신을 위해 살아가고 있는 중임을 관념에 사로잡힌 대부분의 사람은 알지 못하는 것이다.

✦죽음이 단순하지가 않다

이 힘든 세상, 죽으면 그만일 거라 생각하며 살아가는 사람들이 대부분일 것이다. 그냥 죽는다면 이번 세상이 끝날 것이라 단순하게 생각하는 것이다. 나도 그 중 하나였으며 언제나 죽음을 생각하고 살아왔다.

'안 되면 죽어버리지 뭐…'

'그냥 살다가 죽지 뭐…'

'산다는 건 너무 귀찮아…'

그런데 우주의 법칙이 사람을 죽게 만들지를 않는다. 육신만 벗어난 것뿐이며 나는 그대로 있는 것이다. 우리가 힘들게 살아가는 이유는 카르마의 소멸이다. 즉, 우리는 우주의 법칙에 따라 벌을 받고 있는 중이다.

그런 와중에 목숨을 내던지게 된다면 카르마는 엄청난 양으로 불어난다. 이 세상이 치사스러워, 내가 없어져 주려고 했더니 젠장… 더 치사한 세상으로 떨어져버린다.

우리의 육체가 우리의 감각으로 만져지고 느껴진다고 착각하고 있지만, 우리는 영사기로 비추어지는 빛일 뿐이다.

이미 물리학에서도 원자의 99%가 텅텅 비어있다고, 즉, 인간 자체도, 이 세상도 호(空)의 세상이라고 입증하고 있다.

물질 세상은 허상이고, 죽음의 세상은 물질이 없는 허상과 같은 것이다. 죽어도 죽음이 없으며, 살아도 산 게 아니다.

우리가 신의 숙제를 풀지 않는 이상은 영원히 고향으로 돌아가지 못한다. 치사스럽고 더러운 세상을 사랑으로 살아가야 하는 것이 신이 바라는 정답이며 우리는 꿋꿋하게 카르마를 소멸하기 위해 나를 사랑하고, 너를 사랑하며 세상을 사랑해야 한다.

그냥… 싫어도 사랑해야 한다.

사랑밖에 살 길이 없다.

내가 계속 글을 쓰면서 사랑하라고 외치는 이유는 내가 사랑이 많은 인간이라서가 아니라 사랑밖에 살 길이 없음을 알아버렸기 때문이다.

그러니깐 우리 그냥 사랑하자…….

✦ 이 세상은 지옥인가?

인생 초년은 전생의 業(업)으로 살아가게 된다. 전생에 악업이 많았다면 지옥 같은 삶을 살아가게 되며 善業(선업)을 짓고 태어났다면 모든 것이 순조롭고 '낙원'에서의 삶을 살아간다. 즉, 전생의 삶에 따라 현생의 초년이 지옥이 될 수도, 낙원이 될 수도 있는 것이다.

인생의 중년으로 들어선다면 현생의 초년에 지은 업에 따라 삶이 달라지게 되고 말년까지도 이어진다. 현생의 삶은 내가 만든 業(업)의 세상이며 이곳을 지옥으로 사는 것도 내 업보요, 낙원으로 사는 것도 내 업보이다.

힘든 세상에 죽음이 온다면 모든 것이 끝날 것이라 생각하며 죽음만을 기다리기도 한다. 하지만, 죽은 이후에도 현생과 다르지 않게 지옥과 천국이 펼쳐지며, 그것 또한 내가 현생에 지은 업에 따라 지옥이 되기도 하고 천국이 되기도 한다.

신을 믿으면 천국에 가고 신을 믿지 않으면 지옥에 간다는 말은 결국 사실이다. 신이란 어떠한 형상이 아니며 내 마음이 만들어낸 선함이요 사랑이니, 사랑을 알고 살아간다면 저승세계는 천국이

될 것이며, 사랑을 모르고 죽는다면 저승에서는 현생의 지옥보다
더 지옥 같은 삶이 펼쳐질 것이다.

✦짐승과 같은 사람

윤회는 죽음과 삶의 반복이다. 자신이 지은 業(업)에 따라 삶이 선택되는 것이 윤회이기도 하다. 인간이 죽고 살기를 반복하는 이유는 영적인 성숙을 이루기 위함이다. 이번 생에 풀지 못한 숙제를 다음 생에 풀어가며 생과 사가 반복된다. 문제를 조금씩 풀어갈수록 영적으로 성숙해지는 삶을 살아간다. 그러므로 사람은 다시 태어날수록 영적인 존재가 되는 것이다. 추상적으로 여러 가지 개념으로 설명할 수도 있지만 태어나고 죽고를 반복하는 이유는 단 한 가지, 사랑을 깨닫기 위해서이다. 인간이 태어난 이유는 사랑을 경험하기 위함이며, 사랑이라는 해답을 얻기 위해 살아가는 것이며, 그것을 깨닫게 된다면 고향으로 돌아갈 수 있다. 즉, 사랑을 알기 위해, 깨달음을 얻기 위해 생과 사가 반복된다.

윤회의 기본적인 원리는 인간이 다시 인간으로 태어나는 것이다. 삶에서 무언가를 조금이라도 얻게 된다면 정신적으로 한 단계 높은 인간으로 태어나며, 단 한 가지도 깨닫지 못하면 똑같은 삶이 반복된다.

물질우주의 지구에서는 인구가 계속해서 늘고 있는 실정이다. 윤회의 기본적인 법칙에 의해 인간이 다시 인간으로 태어나야 하지만 모든 육체에 인간의 영혼을 채우기에는 인간의 영이 극단적 부족 상태가 된 것이다. 그리하여 신은 짐승의 영혼을 인간의 육체에 심어놓게 되었다. 짐승의 영혼이 인간이라는 육체를 받았으니 무지의 상태이다. 그리하여 겉으로는 인간으로 보이지만 짐승의 상태라 볼 수 있는 것이다. 그러한 인간의 경우는 의식 상태가 매우 낮아서 욕망에 의해 움직이게 된다. 오로지 배를 채우고 사는 것에만 삶이 집중되어 있다.

인간 세상에서 배를 채울 수 있는 것은 돈이니, 돈에 의해서 움직이게 되는 것이다. 무엇이 옳고 그른지도 모르고 돈만을 좇는 삶이다. 그렇다고 돈을 많이 벌 수 있는 의식을 가졌느냐 하면 그것도 아니다. 돈에 집중하는 삶이지만 가난하게 살아가게 되며, 배려심이나 배움 따위에는 관심이 없는 삶이다.

욕망에 의해 움직이는 삶이니 기분이 불쾌하면 욕이나 폭력을 서슴없이 사용하며, 인간의 언어로 사람과의 타협을 한다거나 대화를 하는 것이 부족하니 말이 통하지 않으며, 분노를 시도때도 없이 표출하며, 오로지 적과 아군이라는 이분법적 사고로 살아가게 된다.

하지만 아군이라도 나의 기분을 조금이라도 좋지 않게 하거나 내 것을 조금이라도 탐낸다면 바로 적군으로 분류하니 평생 외롭게 살아가는 삶이 된다.

인간이란 타협과 협동으로 사는 생명체이며 그리 살도록 신이 설계하였다. 즉, 오로지 나밖에 모르고 사는 사람은 짐승의 영혼이라 볼 수 있는 것이다. 그러나 짐승의 영혼을 가졌다고 해도 인간 세상에서 배우고 깨닫게 된다면 다음에는 인간보다 더욱 성숙한 영혼을 가지고 다시 태어나게 된다. 짐승의 영혼을 가진 사람은 인생의 초반은 힘들고 고단하며 대체적으로 마흔 살이 되기 전까지는 짐승과 같이 생각하고 살아가게 된다.

하지만 스스로가 지혜를 깨닫게 되고 사랑을 알아가게 된다면 엄청난 변화를 가져와 인간의 영과 가까워지게 되는 것이다. 만약 영혼이 단 하나라도 깨닫지 못하고 욕망만을 가진 짐승 상태라면 수천만 번을 다시 태어나더라도 짐승의 영혼을 벗어나지 못하는 것이 윤회의 법칙이다.

✦ 신이 준 고통

인간에게 고통이 찾아오는 것은 신이 주는 신호이다. 고통 속에서 생각에 눈을 뜨게 하려는 신의 선물인 것이다. 인간은 본인 스스로 생각하며 살아가고 있다고 철저하게 믿고 있다. 특히 지식이 많은 사람일수록 본인의 생각이 정확하다고 자만한다. 생각이란 본래 내 것이 아님을 전혀 의심하지 않는다. 타인의 생각을 가져다가 내 것이라 생각하고 있으며, 세상이 만들어낸 관념을 내 생각이라 착각하고 살아간다. 그래서 신은 인간에게 고통을 안겨주며 무지한 인간들에게 생각을 하게끔 자비를 베풀고 계신다.

지금 당신이 힘든 상황에 있는 것은 생각을 하지 못하기 때문이다. 머릿속에 있는 생각이 아니라 영혼의 생각을 따른다면, 당신은 힘든 상황을 벗어날 수 있으며 새로운 문이 열리는 것을 경험하게 된다.

세상의 시선으로 인해 누군가와 인연을 유지하는 것은 당신의 생각이 아니다. 세상의 시선으로 인해 원하지 않은 것을 계속하는 것도 당신의 생각이 아니다. 세상의 시선으로 인해 원하지 않은 것들을 구입하는 것도 당신의 생각이 아니다.

세상의 시선이나 이목 때문에 불필요한 공부를 하고 외모를 가꾸고 여행을 하고 인맥을 만들게 된다. 보이는 것만 믿고, 보이는 것만이 세상의 모든 것이라 생각하며 살아간다면 당신은 생각이 없이 살아가는 것이다. 영혼의 생각을 읽어야 한다. 내가 과연 진심을 다해 좋아하는 것이 무엇인지, 이것이 내가 원하는 삶인지, 생각이라는 것을 해야 한다.

✦자동차에 들어온 벌레

가끔 자동차 안으로 벌레가 들어온다.

나는 벌레를 나가게 해주려고 창문을 살짝 연다.

하지만 벌레는 나가는 길을 못 찾는다.

보는 나는 답답하다.

이번엔 창문을 활짝 연다.

그래도 벌레는 길을 못 찾고 앞 유리 앞에서 맴돌고 있다.

난 제발 벌레가 나가길 기다린다.

그래도 나가질 못한다.

나는 벌레를 보면 답답하다.

신은 당신을 보면 답답하다.

✦ 선하게 살아야 하는 이유

인간 : 왜 자꾸 선하게 살라고 하죠? 착하면 호구 되는 세상에서 착하게 살아봤자 언제나 손해인걸요. 저에게 떡이 떨어지는 것도 아니고 쌀이 떨어지는 것도 아니잖아요.

신 : 너에게 떡과 쌀을 주기 위해 선한 마음으로 살라고 하는 것이다~!

신은 인간을 위해 모든 것을 주고 싶어한다. 그러나 신의 선물은 5단계의 에너지에 걸려있다.

첫 번째 에너지는 생존이며, 두 번째는 욕망과 sex이며, 세 번째는 유물론적 지식과 눈에 보이는 모든 것이며, 네 번째는 선한 마음이며, 다섯 번째는 영감과 평정심이다. 바로 그곳에 신의 모든 선물이 널려있다.

다섯 번째 에너지로 넘어가기 위해서는 반드시 선한 마음이 필요한 것이다. 가끔 선한 마음을 뛰어넘는 정신력을 가진 사람들이 존재하며, 그들을 '소시오패스'라 부른다. 그러나 일반적인 사람들에게는 양심이라는 영혼이 있으므로 그들과 똑같이 생각하고 행동하며 살아갈 수가 없다.

선함과 긍정으로 4단계의 에너지를 밟지 않는다면 5단계의 선물을 절대로 가져갈 수가 없는 것이다. 즉, 선하게 살아야 하는 이유는 손해보고 사는 희생의 아이콘이 되라는 이야기가 아니다. 내가 원하는 것을 갖기 위해 에너지를 끌어올려야 함을 말하는 것이다.

선하게 산다면 떡과 쌀뿐만 아니라 돈도 떨어지며, 온갖 사랑이 떨어지게 된다. 내가 원하는 꿈을 이룰 수 있는 환경을 내 주위의 원자들이 만들어낸다. 내가 원하는 배우자, 원하는 돈, 명예, 건강, 주위의 좋은 사람들까지 생겨나기 시작할 것이다.

선하게 산다는 것은 미친 듯이 사랑을 표현하고 착한 척을 하며 살아가는 것이 아니다. 겉으로 선한 듯하여도 마음이 사악하면 그것은 악한 것만 못한 것이다.

내 자체가 선함이라는 에너지가 되어야 한다. 선함에 집착하지 않아야 하며, 그것이 습관이 되고 나 자체가 되어야 가능하다.

✦ 선하게 사는 법

유치원생도 아는, 선하게 사는 법을 누구라도 알기 쉽게 설명해 보겠다.

선하게 사는 법을 나열하자면 끝이 없지만 어느 정도 설명한다면 바보가 아닌 이상 분명히 느낄 수 있을 것이다. 이것은 머리로 아는 것이 아닌, 마음으로 느껴야 하는 것임을 강조한다.

1. 주차선 잘 지키기
2. 길에다 쓰레기 버리지 않기
3. 분리수거 잘 하기
4. 음식 소중히 생각하고 먹기
5. 타인의 마음에 두려움 심어주지 않기(예를 들면 마스크를 안 쓴다 거나, 한밤중에 검은 모자 눌러쓰고 다니지 않기)
6. 타인의 마음을 소중히 생각하기(화가 난다고 분노를 표출한다거 나, 솔직한 성격이라며 함부로 말하기 등)
7. 타인의 돈 아껴주기
8. 생명들을 함부로 하지 않기
9. 남의 불행 위에 나의 행복을 쌓지 않기
10. 남을 위해 미소 지어주기(느끼한 미소도 상관없음)

그 밖에도 나열하자면 끝이 없다. 타인의 마음에서 삶을 들여다 본다면 선한 마음이 나 자신이 되고 습관이 될 것이다.

만약 첫 번째 주차선 잘 지키기부터 막힌다면 초등학교 도덕 교과서부터 다시 공부해야 한다. '주차선을 지키는 것이 왜 선함이 지?'라고 생각한다면 말이다.

✦ 낮은 에너지의 사람들

에너지가 높은 사람들은 언제나 활력이 넘쳐난다. 살아있음을 온몸으로 느끼며 같이 있는 사람들에게도 긍정적인 영향을 주게 된다. 반대로 에너지가 낮은 사람들은 무기력하다. 활력이 조금 생길 때가 있다면 물질적인 욕망이나 이성에 대한 욕망으로 가득할 때, 혹은 분노에 차 있을 때뿐이며 대부분의 시간은 '무의욕'의 상태로 살아가게 된다.

사람들은 서로의 에너지를 느끼고 그 에너지를 교류하며 살아간다. 에너지는 논리적으로 설명할 수 없지만 육감에 의해서 모든 사람이 느낄 수 있는 감각이다. 그리하여 에너지가 높은 사람들과 같이 있다면 나의 영혼은 편안함을 느끼며 그들과 항상 같이하고 싶어한다. 하지만 에너지가 낮은 사람들과는 단 몇 분만 같이 있더라도 숨이 막힐 듯 답답하며 밥을 먹을 때도 소화가 잘 되지 않고 설명할 수 없는 불쾌한 감정에 사로잡히게 된다.

에너지가 낮은 사람과 같이하고 싶어하는 사람은 아무도 없는 것이다. 그들 주변에서는 사람들이 하나둘씩 떠나가게 되며 직장에서도 마음맞는 동료를 만나기 어렵다. 사업을 한다고 해도 비즈니스가 제대로 될 리가 없고 자영업을 하더라도 사람들을 밀어내니 손님이라고는 찾아보기 힘들다. 그리하여 가난을 면하기 어려우며 건강에도 이상이 오게 된다.

그들의 내면 깊은 곳에서는 사랑받기를 원하고 있지만, 그들은 표현이 서툴러서 세상을 원망하고 사람들을 원망하고 신을 원망하며 사랑을 구걸하고 있다. 에너지의 흐름이 높은 성직자와 수행자는 그런 사람들의 내면을 들여다볼 수 있기에 안타까워하고 사랑으로 품어주며 그들을 안아준다. 그러나 무조건적인 사랑을 가진 사람은 인구의 0.04%뿐이다. 그들을 만날 수 있는 행운을 얻기는 어려울 것이다. 그러므로 그들을 만나기를 바랄 것이 아니라, 자신이 변해야 한다.

원망의 감정을 드러내기보다는 사랑의 감정을 갖는 것이다. 사랑의 감정이 생기게 된다면 내가 무언가를 욕망하지 않더라도 외로움과 가난함을 벗어나고 인생이 날로 행복해짐을 느끼며 나 자신을 사랑할 수 있다.

그들과 단 몇 분만이라도 같이 있다면 숨이 막혀올 것 같은 느낌이 든다. 하지만 그들은 24시간을 그런 자기 자신과 함께하고 있다. 자신의 에너지가 높다면 그들을 품어주어 그들을 낮은 에너지에서 끌어내줘야 한다.

그들의 손을 잡아 지옥에서 건져올려주는 것이 에너지가 높은
당신이 반드시 행해야 하는 사랑이며, 신의 심부름이다.

✦ 1단계 에너지

'무의욕'의 단계이다.

욕망이 생기지 않으며 눈만 뜨고 있다. 어찌 보면 도의 경지에 오른 듯하다. 하지만 도를 닦는 사람들에게는 목표가 있으나, 이들은 목표가 무엇인지도 모른다. 1단계의 '무의욕' 상태는 2단계의 욕망이나, 0단계의 에너지로 움직인다. 0단계는 생명이 없는 에너지이다. 가끔 분노와 좌절의 마음이 걷잡을 수 없어 극단적 선택을 저지를 수 있는 것이다. 그래서 사람은 반드시 움직여야 살 수 있다. 또는 욕망의 에너지만 올라오니 짐승과 같은 상태가 되기도 한다.

무엇이 옳고 그름인지 모르는 상태에서 물질과 sex의 욕망만이 있으니 인간의 육체를 가지고 있지만 마음은 짐승이며 살기를 품고 있다. 범죄를 저지르는 이들은 대부분 1단계에서 2단계의 에너지로 움직인다. 짐승의 욕망을 가지고 태어나더라도 사랑으로 성장하게 된다면 충분히 높은 에너지를 가질 수 있을 것이다. 하지만 카르마로 인해서 이들의 부모 또한 짐승의 상태와 다르지 않음을 알 수 있다. 성장하면서 만나는 사람들도 모두 낮은 에너지를 가지고 있으므로 세상을 보는 시야가 좁으며 모든 사람이 악한 것이 당연하다 생각하고 살아간다.

　바르게 살지 못한 사람이 노인이 되는 순간 2단계의 에너지로 내려온다. 요양원의 노인들은 1단계의 에너지가 대부분이며 약간의 의식이 있다면 2단계의 에너지를 가지게 된다. 그리하여 요양원에서 발생하는 범죄 사건의 대부분이 性(성)범죄인 것이다. 추잡하게 늙지 않기 위해서는 반드시 사랑이 필요하며, 사랑을 공부해야 한다.

✦ 2단계 에너지

물질적 욕망과 sex의 단계이다.

에너지가 낮으며 돈에 대한 열망만이 강하다. 하지만 돈이 무엇인지 알지도 못한다. 그러면서도 돈만 좇으며 살아간다. 돈의 노예가 된 상태이며 이 세상에서 돈이 최고라 생각한다. 그러나 가난하게 살아간다.

자신의 현재 상태를 바르게 보지 못하고 수준 이상의 사치를 하며 겉모습으로만 사람을 판단한다. 지식 또한 없으니 사기범죄자의 먹이가 되는 이들이 많다. 겉으로는 화려해 보여도 내면은 비어있다. 그래서 잠깐의 화려함으로 사람의 시선을 사로잡지만, 만나다보면 아무런 매력도 느끼지 못하여 사람들이 떠나게 된다. 장기간 만나는 사람들도 있지만 이들 또한 똑같은 에너지 흐름을 타고 있는 2단계이며 서로가 서로의 겉모습만 보고 만나고 있으니 그 끝이 아름답지 못하다.

특히, 결혼을 하게 된다면 지옥을 경험하기도 한다.

이들은 성격 또한 욕망에 의해서 만들어진 경우가 대부분이다. 많이 아는 척을 한다거나, 상냥한 척을 하기도 하고, 착한 척을 하기도 하며, 필요 이상으로 친절하게 굴기도 한다. 오로지 돈과 sex 에 의해서 움직이게 되니 본인에게 도움되지 않는 사람을 가차없이 버리며, 의리라고는 찾기 힘들다. 그러나 자신의 혈육에게는 엄청난 집착을 보이는 경우가 많다.

2단계의 상태는 1단계와 3단계로 움직이다. 욕망이 강하지만, 욕망을 채워주는 것들이 한없이 부족하니 '무의욕'의 상태가 되며 인생이 허무해진다. 혹은, 무언가 발전하고 싶은 욕망이 생기게 되어 '공부'를 시작하게 된다. 무언가를 배운다는 것은 에너지의 상승을 이야기하니 바람직한 현상이다.

✦ 3단계 에너지

유물론, 지식의 단계이다.

이들은 누구보다 아는 것이 많으며 보이는 것을 착실히 믿고 살아간다. 머리가 좋으며 사람이 만들어놓은 지식이나 물질에 대한 열망이 강하다. 논리적인 지식이 많으니 이들에게는 배울 것이 많으며, 이들도 자신이 알고 있는 것을 사람들에게 보여주는 것을 욕망한다. 현실주의자, 비판론자나 논객들이 많은 것이 3단계 에너지 상태이다.

다만, '에고'적 지식으로만 뭉쳐져 있어 자신이 알고 있는 것과 다르게 반응하는 타인이 있으면 적으로 분류해버린다. 자신의 자존심이 다치는 것을 가장 힘들어하며, 어떻게 해서라도 이겨서 승리를 쟁취해야 한다. 이들은 적을 많이 두고 살아간다. 그것을 즐거워하기도 하지만 때론 아닌 것 같다는 생각이 들기도 하며, 배우고 또 배우며 살아간다.

3단계의 상태는 2단계와 4단계로 움직이다. 자신의 지식을 물질화시키는 욕망과 능력이 있다. 하지만 이들은 겉으로 따르는 사람이 있을지 모르지만 내면의 매력은 크지 않아 사람을 끌어당기는 힘이 부족하며 자신이 배운 것에 비하여 부를 이루기 힘들며 때로는 가난하게 살기도 한다. 지식이 방대하지만 마음 한 켠에서는 자신의 삶을 의심한다.

자신의 생각에 대해 눈을 뜨면 4단계의 에너지로 상승하게 된다. 사랑과 배려심이 생겨나며 인생이 즐거워지고 완전히 다른 사람으로 변하게 되기도 한다. 그리하여 사람들이 진심으로 따르며 외롭지 않은 인생을 살아간다. 하지만 비평은 계속된다.

지식이 아닌 지혜를 공부한다면 지식을 전달하며 존경받는 스승으로 살아가게 되지만, 계속해서 사랑이 아닌 논리만 추구한다면 외로운 인생이 계속된다.

✦ 4단계 에너지

선함과 배려, 사랑이 있는 단계이다.

이들은 마음이 여리고 공감능력이 뛰어나다. 이들과 같이 있으면 마음이 편안하다. 이들은 알게 모르게 사람을 배려해주고 있으니 같이 있는 사람이 편안함을 느끼는 것이다. 또한 기본적 심성이 착한 편이기도 하다. 이들은 감정선이 너무 강한 것이 장점이지만 단점이 되기도 한다. 타인의 슬픔이나 아픔을 그대로 내 감정선으로 옮겨오니 누군가 힘들어한다면 모른 척하고 싶어도 그럴 수가 없다. 머리로는 귀찮기도 하며, 자신이 멍청하다고 생각을 하지만 마음은 머리와 다르게 그들의 감정을 받아주고 있다. 이들의 마음은 솜사탕 같으니 타인의 감정에 휘둘린다.

기본적으로 긍정적 성격을 가지고 있지만 계속해서 힘든 감정을 접하게 된다면 전문가의 도움을 받아야 하기도 한다. 사람에게 가장 쉽게 상처받는 것도 4단계의 에너지이다.

이들의 마음은 감정선이 강하게 작용하니 슬픔, 행복, 질투, 두려움 등의 모든 감정을 잘 느끼는 편이며 기본적으로 선한 마음을 가졌으면서도 나쁜 감정에 스스로를 책망하기도 한다. 그리하여 마음공부를 많이 하는 사람 또한 4단계의 에너지들이다.

4단계의 상태는 3단계와 5단계로 움직인다. 지식에 대한 욕망이 생기게 되니 이런저런 공부를 하기도 하며 부정적 감정선을 끊어내고 싶은 마음에 심리적인 공부를 해보기도 한다. 가끔 5단계의 긍정적인 감정만을 가지게 되며 때론 앞뒤 안 보고 자신의 행복을 우선순위로 추구하기도 한다.

그러나 또다시 누군가 도움의 손길이 필요하다면 자신의 사랑 에너지를 나눠주며 살아가게 된다.

✦ 5단계 에너지

영감과 평정심의 단계이다.

이들은 긍정적이며 평화로운 마음으로 살아간다. 사랑의 마음도 풍부하다. 하지만 부정적 감정선이 약하게 작용하니 이것이 장점이 되기도, 단점이 되기도 한다. 타인의 슬픔에 대해 안타까워하지만 마음으로 공감을 하지 못한다. 그리하여 매력적이면서도 냉정해 보이기도 한다.

그러나 이들은 냉정한 것이 아니며 오로지 긍정적 감정에만 에너지가 집중되어 있을 뿐이다. 인구의 2%를 차지하고 있으며 사회적으로 성공을 한 이들의 에너지이다. 부정선이 약하니 의사나 법조인에게서 자주 볼 수 있는 유형이다. 기업인이나 예술인, 혹은 성직자도 있으며 이들의 내면의 에너지를 존경하는 이들이 주위로 모여들게 되니 외롭지 않으며 즐겁게 인생을 살아가게 된다.

다만 5단계의 에너지를 가졌다고 해도 사회적으로 모두 성공하는 것은 아니다. 이들은 사람을 끌어들이는 매력이 있으나 아픔이나 슬픔에 공감하는 능력이 부족하여 자신의 장점을 부당하게 사용하기도 한다. 매력적인 사기범죄자들이 많으며 사이비 교주로 활약을 할 수도 있다. 마음속에 사랑의 감정 또한 풍부하니 사기로 벌어들인 돈으로 기부를 하기도 하며 그것 또한 진실이니 그들에게 빠지면 벗어날 길이 없다.

  5단계의 상태는 4단계와 6단계로 움직이다. 4단계는 공감과 사랑의 상태이니 슬픈 영화를 본다거나 안타깝고 힘든 사람들을 보면 한없이 눈물을 흘리게 된다. 또는 6단계의 에너지로 가고 싶은 욕망에 빠져든다. 6단계는 완벽한 사랑의 에너지이며 인구의 0.04%이다. 완벽한 사랑에 도달하게 된다면 사람의 마음을 읽고 앞을 내다보며 에너지를 보는 신비한 능력이 생기게 된다. 그리하여 그러한 초능력을 욕망하기도 하며 완벽한 사랑을 욕망하기도 한다.

✦ 1에서 7단계의 에너지

1단계 : 무의욕, 생존
2단계 : 욕망, sex
3단계 : 지식, 유물론
4단계 : 사랑, 공감
5단계 : 영감, 평정심

사람의 에너지는 1단계에서 7단계로 분류할 수 있다. 하지만 99.6%의 사람들은 1단계에서 5단계의 상태로 살아가게 된다. 6단계는 완벽한 사랑이며 7단계는 4차원으로 들어선 상태이니 보통의 사람이 경험할 수 없는 상태이다. 사람들은 1단계에서 5단계의 에너지를 가지고 살아가며 자신이 가장 많이 머무르는 에너지가 자신의 '본질에너지'라 볼 수 있다. 즉, 자신의 머무르는 에너지는 수시로 변할 수 있는 것이다. 만약 4단계의 본질에너지를 가졌다면, 그것은 100%의 성향이 아니라 70%정도의 성향이 되며 나머지 20%는 3단계와 5단계를 오고가며 나머지 10%는 1단계와 2단계를, 기억나지 못하는 꿈속에서 7단계도 경험한다.

보통의 남성은 3단계의 에너지가 강하며 여성은 4단계의 에너지가 강하다. 그리하여 남성은 여성이 있어야만 에너지가 상승되고 결혼 후 돈을 모을 수 있으며, 사회적으로도 성공할 수 있는 기운이 강해진다.

여성은 남성이 그다지 필요하지 않지만 2명 중에 1명의 여성은 자신의 본질에너지의 스위치를 올려주는 남성이 필요하기도 하다.

돈의 에너지는 5단계에 널려있다. 하지만 인구의 2%만이 5단계의 본질에너지를 가졌으며 그들 중에서도 운을 만나지 못하는 사람들은 널려있는 돈을 주워담지 못한다. 그러나 4단계에서 운을 만난다면 어느 정도의 부는 이루고 살아간다. 즉, 돈이란 3단계를 벗어나야만 내 손에 들어오는 것이니 가난하게 살기 싫다면 무조건적인 배려와 선함이 필요하다.

6단계의 에너지는 돈을 넘어선 단계이다. 주고받는 개념 자체가 사라졌으니 사회생활이 되지 않는다. 이들 중 0.01%정도는 성직자가 되어 사랑을 실천하며 인류를 치유하지만 나머지 0.03%는 세상 눈에 띄지 않는 곳으로 들어가 오로지 7단계가 되기 위해 자신을 버리고 살아가고 있다. 그들은 비루한 겉모습을 하고 있지만, 내면은 누구보다 눈부실 것이다. 3단계 이하의 사람들이 이들을 보면 거지라 비아냥거리게 되며, 4단계 이상의 에너지를 가진 사람들이 이들을 보면 본인도 모르게 눈물을 흘리게 된다.

✦ 돈의 에너지

세상에 돈은 널려있다. 돈을 많이 벌어본 사람들은 돈이란 줍기만 하면 되는 물질에 지나지 않으며 돈 벌기가 어렵지 않다고 말하기도 한다.

도대체 돈이 어디에 널려있다는 것일까?

보통의 사람이 경험할 수 있는 에너지는 5단계이다. 첫 번째 에너지는 숨만 쉬는 생존의 단계로 무의욕, 임종 전 노인들의 단계로 볼 수 있다. 두 번째 에너지는 性(성)의 단계로 오로지 sex와 물질에 대한 욕망이다. 세 번째 에너지는 지식, 유물론의 단계이다. 네 번째 에너지는 사랑의 단계로 친절, 배려, 관심, 공감, 선함, 긍정이 있는 에너지이다. 다섯 번째 에너지는 창조의 단계이며 직관과 평정심, 아이디어가 있는 공간이며 바로 다섯 번째 에너지에 '돈'이라는 것이 널려있다.

사람이란 같은 공간에 있다고 해도 같은 에너지를 공유하지 않는다. 에너지가 같은 사람끼리 서로의 물질이나 마음을 공유하게 된다. 따라서 자신의 에너지가 5단계가 아니라면 돈을 줍는 것은 꿈에 불과하다. 특히 네 번째 이상으로 넘어오지 않고 세 번째 에너지에서 더 이상 오르지 못한다면 지식이 넘쳐흐른다고 해도 가난한 삶을 살아가게 된다. 네 번째의 사랑이라는 단계는 비록 사랑이라는 마음이 없어도 눈치가 빠르다거나 타인의 입장을 캐치하는 능력이 있다면 가질 수 있는 에너지이다. 그러나 눈치도 없다면 선한 마음을 반드시 가져야 가난을 벗어날 수 있으며 4단계 이상의 에너지 흐름을 탈 수 있다. 그러나 가끔 5단계의 에너지 흐름도 타지 않은 사람이 돈을 많이 버는 경우가 있는데 절대로 5년을 넘기지 못한다. 운을 만난 것일 뿐, 돈은 신기루처럼 흩어지게 된다. 혹은 5단계의 에너지를 타고 있어도 아직 운을 만나지 못했다면 돈을 벌지 못한다. 기다려야 한다. 인내를 가진다면 반드시 돈은 문을 두들길 것이다.

그 다음은 6단계 이상으로, 물질 세상에 관심이 없는 에너지이다. 신에게 다가가는 에너지이며 진실된 성직자와 수행자들의 공간이다. 그들은 에너지의 흐름이 강력하기에 원한다면 돈을 끌어당길수 있지만 자발적 검소함으로 살아간다.

당신이 돈을 벌지 못하는 이유는 보이는 것에만 집착하는 욕망 때문이며, 지식이 많다면 돈을 벌 수 있을 거라 착각하는 완벽한 논리 때문이다. 손해는 손해라고 생각하는 수학적인 계산과 나와 혈육만 생각하는 마음가짐을 가지고 눈치까지 없다면 평생 가난을 벗어나지 못할 것이다.

✦ 돈은 '영감'이다

베토벤은 난청임에도 불구하고 역사적인 곡들을 완성했다. 그는 상상으로 곡을 만들었고 그의 곡들에는 영혼이 들어있다. 아인슈타인의 상대성이론은 오직 상상에 의해서 만들어졌다. 그 당시에는 상대성이론을 실험할 만한 여건이 없었음에도 머릿속으로 모든 것을 실험하고 완성한 것이다. 작가들이 꿈속에서 본 이야기가 책이나 영화로 만들어지기도 한다.

성공하는 사람들은 지나가는 사람의 말 한마디에 영감을 얻기도 하며 책에서 본 글귀 하나로 인생이 달라지기도 한다. 천재적인 발명이나 획기적인 아이디어 등은 영감에 의해 만들어진다. 하지만 그들은 기본적인 실력을 가지고 있었으며 그 위에 영감이라는 소스를 곁들이니 그런 결과가 이루어진 것이다. 만약 베토벤이 음악을 전혀 모르고 아인슈타인이 수학을 몰랐다면 어떠한 영감도 없었을 것이며, 혹여 영감이 생긴다고 해도 그들은 모르고 지나칠 수밖에 없었을 것이다.

돈도 그와 다르지 않다. 사람들은 돈에 대해 알지 못하면서 매일 돈을 많이 벌게 해달라고 기도한다. 분명 신은 영감으로 사람들의 기도에 응답을 해줬을 것이다. 하지만 그들의 머릿속에는 돈에 대해 백지상태이니 하늘의 답을 모르고 지나치며 세상만을 탓하면서 오로지 신을 원망하고 있을 것이다.

　돈을 잘 버는 사람들은 기본적으로 돈을 알고 있다. 공부를 하고, 돈의 흐름을 파악한다. 그리고 어느 순간 영감이 떠오르면 그 것으로 투자를 하고 사업을 시작하여 큰돈을 벌어들이게 된다.

　큰 부자는 하늘이 만든다는 말은 사실이며 그것은 하늘의 도움과 그의 기본적 실력과 행동을 바탕으로 완성된다.

✦ '돈돈돈'거리는 사람

인생을 살아가기 위해 돈은 선택이 아닌 필수조건이다. 생존을 위한 절대적인 돈을 싫어하는 사람은 아무도 없을 것이며 돈 싫다는 사람 또한 거짓말쟁이다. 돈에 관해 전혀 무관심한 사람도 문제가 있는 사람이지만 유독 '돈돈돈'거리는 사람들은 문제가 있는 것을 넘어 천박해 보인다. 그래서 우리 모두 돈을 좋아하지만 '돈돈돈'거리는 사람들과는 어울리고 싶지도 않고, 에너지를 나누고 싶은 마음도 들지 않는다. 결국은 '돈돈돈'거리는 사람을 사람들은 싫어하는 것이다.

음양으로 돈의 성질을 생각해볼 필요가 있다. 돈의 성질을 분류하기 위해서는 우선 인간을 음양으로 나누어봐야 한다. 인간은 육체와 영혼을 가지고 있으며 그것이 하나가 될 때 사람이 된다. 영혼은 자유로우며 내가 갈 수 있는 곳을 어디든지 가볼 수가 있다. 책을 보면서 영혼이 여행하기도 하고 텔레비전을 보면서 영혼이 쾌감을 느끼기도 한다. 그러한 영혼을 담는 곳은 인간의 육체이며 그 본질은 변하지 않는다. 그리하여 변하지 않는 성질을 가진 육체는 음의 기운으로 볼 수 있으며 새로운 것에 갈증이 있고 항상 변화하려고 하는 영혼은 양의 기운이라 볼 수 있다.

돈이란 어두운 것을 좋아하며 비밀스럽게 있을 때 몸집이 늘어난다. 즉, 돈이란 음의 기운인 것이다. 음의 기운이 반기는 것은 양의 기운이며 음양의 조화를 이룰 때 에너지의 기운이 하나로 뭉치게 되며 폭발적인 결과물을 낳게 된다. 그와 반대로 음과 음끼리는 서로 밀어내는 기운이니 절대로 하나가 될 수 없다. 남자와 남자가 사랑을 해도 새로운 결합체인 아이가 생성되지 않는 것과 같은 이치이다.

인간의 육체가 '돈돈돈'거리며 돈을 좇게 된다면 돈은 더욱 멀리 달아나는 것이다. 자석의 N극을 N극에 붙이려고 하는 것과 같은 원리이다.

그와 반대로 돈은 양의 기운인 영혼을 사랑한다. 아무리 콧대 높은 돈이라고 해도 매력적인 영혼을 보게 된다면 사랑의 구걸이 시작되며 영혼에게 사랑받기 위해 엄청난 애정공세를 펼치게 된다.

돈을 좇는 일을 하게 된다면 돈은 달아나버리고, 영혼이 행복한 일을 하게 된다면 돈은 당신을 사랑하게 되는 것이다. 결국 '돈돈돈'거리는 사람은 돈을 쫓아내고 있는 중인 것이다. 그들과 같이 있게 된다면 부정적 기운이 나에게까지 영향을 미치게 되니 천박해 보인다는 것은 내가 만들어낸 이미지일 뿐 내 에너지가 그들과 섞이고 싶지 않다는 영혼의 신호이다. 그래서 사람들은 '돈돈돈'하는 사람을 알게 모르게 싫어할 수밖에 없는 것이다.

✦돈 안 쓰는 친구

돈이 없으면 못 쓰는 것은 당연하다. 돈은 있는 사람이 쓰면 되는 것이다. 또한, 친구 사이는 돈에 연연하지 않는다. 그러나 돈이 있어도 안 쓰는 사람들은 무리에 꼭 한두 명씩 포진하고 있다.

그들은 대부분 비슷한 패턴을 보인다.
1. 만나면 자기가 돈이 없어 힘들다는 투정을 한다.
2. 새로 나온 비싼 신상 명품을 얼마 전에 샀다고 자랑한다.
3. 근거 없이 외모에 자신감이 있다.
4. 친구한테는 쓰지 않는 돈을 이성한테는 잘 쓴다.
5. 대놓고 쓰라고 하면 얼굴색부터 변한다.
6. 겉으로는 착한 척, 인정 많은 척한다.
7. 집안 식구들도 돈을 안 쓴다.

요즘 같이 힘든 시대에 돈이 없는 건 누구나 마찬가지다. 하지만 사회생활을 하고 사람을 만나다보면 돈을 써야 인간관계가 유지된다. 그러나 그들은 얻어먹는 것을 당연한 호의로 받아들인다.

그들의 성격은 시기질투가 강하여 남 잘되는 꼴을 못 보며 변태

적 승부욕을 가졌다. 앞에서는 착한 척하며 기분은 잘 맞춰준다. 하지만 피 같은 돈을 쓰면서 호의를 베풀어도 뒤에서 욕을 하며 질투를 한다. 의리라는 것은 눈곱만큼도 없는 인간들이다. 친구 어려운 사정 뻔히 알면서 어려운 친구에게까지 얻어먹는다.

돈 안쓰는 그들에게서는 결국 큰돈이 나가게 되어있다. 돈은 나갈 시기를 놓친다면 한번에 터져나간다. 혼자 움켜쥐고 있다고 해서 **절대** 돈은 모이지 않는다. 쓸 땐 써야 돈을 모을 수 있다.

돈 안쓰는 친구는 과연 친구일까?

그냥 아는 사람이다.

✦돈은 독이다

사람이 병에 걸렸을 때는 독성물질이 든 약물을 먹어서 병을 치료한다. 특히 큰 병에 걸린 경우는 몸에 해로운 독을 들이붓는다. 한방에서도 독초를 사용하여 병을 치료하니 독은 독이면서 약이기도 하다. 그리하여 병을 제거하는 사람도 있지만 간혹 독과의 싸움에서 패배하기도 하니, 그 사람의 체력과 하늘이 준 운에 따라 운명이 달라진다.

우리가 살아가면서 꼭 필요한 것도 독과 다르지 않은 돈이다. 돈이 있어야 발을 뻗을 집을 구하며 밥을 먹고 사람 구실을 할 수 있는 것이다. 죽을 때도 돈이 없으면 천대를 받으니 돈은 꼭 필요하다.

그러한 돈에는 鬼(귀)가 깃들여있다.

나가야 할 돈이 나가지 않는다면 돈에 악함이 생겨 독으로 변하게 되니, 돈이 독이 되고 염증이 되며 더 이상 제거하지 못하는 큰 암덩어리처럼 변하게 된다. 운명학에서 돈이 고립돼있을 때는 그다지 좋은 운명이 아님을 알 수 있다. 분명 돈이 없어야 하는 운명이지만 계속해서 돈이 돈을 불러들이는 경우이다. 돈이 나가야 하는 운명이지만 쌓여만 가는 것이다.

염증을 치료해야 하지만 계속 퍼져만 가는 것과 같은 것이다.

돈을 써야 하는 운명이지만, 돈에 병적인 집착과 인색함을 가지고 있는 것이다. 결국은 명을 재촉하는 행위인데도 꽤나 오랜 시간 건강하게 장수하며 살아간다. 그러나 결국은 돈이 내 혈육에게 독이 되어 돌아온다. 자식들이 먼저 세상을 떠나는 경우도 있으며 자식들의 일이 풀리지 않고 정신적으로 문제가 생기는 경우를 많이 볼 수 있다.

세상에는 보이지 않는 기운들이 바쁘게 움직이고 있다. 나가야 할 돈이 나가지 않는 경우 내 주머니에서 계속해서 독으로 퍼져나가고 있음을 알지 못한다.

물건을 주고받는 행위에는 당연히 돈을 내야 하는 것을 알지만 물건이 아닌 그 사람의 영혼과 재능을 주고받는 행위는 무료라 생각하는 사람들이 많은 편이다. 물건의 값보다 비싼 것이 사람의 재능과 영혼임을 알지 못한다. 특히 예술인들의 공연, 의사들의 치료, 누군가에게 가르침을 받는 기운, 점을 보는 점쟁이들의 복채를 공짜라 생각하고 있다면 당신의 주머니에서 이미 돈은 독이 되어 염증으로 퍼져나가고 있을 것이다.

세상에 공짜는 단연코 존재하지 않는다. 세상은 인과에 의해서 빈틈없이 움직이고 있다. 돈에도 항상 鬼(귀)의 기운이 깃들여있음을 잊지 말아야 한다.

✦ 완벽한 신의 치유 시스템

세상은 한 치의 오차도 없이 완벽한 치유 시스템으로 돌아간다. 사람의 에너지를 1단계에서 7단계로 분류할 때 3단계까지의 낮은 에너지를 가진 사람은 자신도 알지 못한 채 사랑을 구걸하며 살기 위해 발버둥치고 있다. 그때 반드시 4단계의 에너지를 가지고 연민과 사랑을 가진 사람이 내 옆에 존재하며, 낮은 에너지의 그들은 4단계의 에너지에게 자신을 구해달라며 애처로운 마음을 보내게 된다.

3단계 이하의 사람은 4단계의 에너지를 가진 사람에게 자신의 삶을 이야기하며 나를 알아달라, 사랑해달라 시도때도 없이 연락을 취하며 조금은 귀찮게 하기도 한다. 혹은 매우 귀찮기도 하다.

하지만 4단계의 사람은 귀찮은 마음에도 왜 그런지 자신도 모른 채 낮은 에너지의 사람을 받아주고 있다. 4단계의 사람은 에너지가 빨려나가는 느낌이 들 것이다. 하지만 그 상황을 빠져나갈 수도 없으며 그저 그렇게 들어주고 그들의 마음을 어루만져주고 있다.

4단계의 사람은 낮은 에너지를 가진 사람들에게 자신의 에너지를 나눠주며 그들을 치유하면서 힘들어한다. 하지만 다행히 주변에 있는 4단계의 에너지를 만나서 서로 에너지를 충전한다. 그러나 또다시 낮은 에너지들에게 자신의 에너지가 빨리고 또 충전하고를 반복하며 살아가고 있다.

4단계의 에너지를 가진 경우는 주변에 4단계 에너지를 가진 사람이 많이 있으니 에너지 충전을 충분히 할 수 있다. 에너지가 5단계로 넘어가게 되면 자가 충전이 가능하며 이때는 혼자 있는 시간에서 마음의 평화와 사랑과 안정을 찾고, 누구와 있든지 에너지에 휘둘리지 않는다.

6단계의 에너지는 0.04%의 완벽한 사랑을 가진 수행자와 성직자의 에너지로, 그들과 같이 있는 것만으로도 에너지가 상승하게 된다. 7단계는 신의 에너지이며 4차원의 에너지이다.

즉, 5단계의 에너지를 가진 사람은 혼자서 에너지를 충분히 충전하고 사랑과 평화를 느낄 수 있으니 사람을 만날 필요성을 못 느낀다. 4단계의 에너지는 사람을 만나서 에너지를 충전받아야 하므로, 사람들을 만나다 보면 낮은 에너지를 가진 사람과도 만날 수밖에 없는 필연이 기다리게 된다.

결국 누군가를 치유해주는 신의 행동대장은 4단계의 에너지들이며, 그들 옆에는 신이 데려다 놓은 불쌍하고 안타까운 사람들이 항상 존재한다. 본인 스스로도 인생이 고달프기도 하다.

하지만 낮은 에너지를 못 본 체하고 싶어도 영혼이 그것을 허락하지 않는다. 만약 낮은 에너지들이 4단계의 에너지를 만나지 못한다면 그들끼리 만나 불행의 에너지 속에서 살아가게 된다.

반드시 인연을 끊어내야 하는 것이 낮은 에너지들끼리의 만남이다. 서로가 서로를 끌어내리고 있는 형태로 가난, 질병, 원망, 분노, 두려운 죄책감만이 가득하니 그곳은 지옥이다.

4단계 에너지를 가진 사람의 특징
1. 부자는 아니더라도 가난하진 않다.
2. 사람을 좋아한다.
3. 불쌍한 사람이나 생명을 보면 신경쓰고 싶지 않은데도 계속 신경이 쓰인다.
4. 내 옆에 이상한 사람이 많다고 불쑥 생각이 든다.
5. 긍정적인 성향이 강하다.

4단계의 에너지를 가진 당신은 신의 행동대장이다. 지금 당신이 하는 일은 신이 내린 임무이며 당신은 열심히 임무를 수행 중이다. 신은 한 명 한 명의 사람을 치유해주고픈 마음에서 당신을 보냈으며 그 운명의 치유사가 당신이다.

✦치유의 기간

4단계의 에너지를 가진 이들이 집중치유사의 운명을 가지고 있어도, 그들에게도 에너지의 한계라는 것이 존재한다. 카르마와 낮은 에너지가 뒤섞여있는 사람들의 경우 치유의 기간이 오래 걸리며, 그것이 10년이 될지 혹은 평생이 될지는 신만이 알 수 있다. 그러므로 그들을 평생 옆에서 치유해주기란 인간으로서는 불가능한 일이다. 하지만 신은 낮은 에너지에 있는 그들이 구원받기를 원한다면 언제나 4단계의 에너지를 가진 사람을 옆에 데려다 놓는다.

다만 4단계의 에너지를 가진 사람이 견딜 만큼의 기간을 정해준 후 그들의 인연을 묶어버리며, 그 기간을 채운다면 둘의 인연을 풀어준다. 그리고 낮은 에너지를 가진 사람 옆에는 또 다른 4단계의 에너지를 가진 치유사가 등장하여 끊임없이 한평생을 치유받으며 살아간다.

하지만 낮은 에너지의 그들은 자신이 치유받음에도 불구하고 4단계의 에너지가 자신을 배신했다고 원망하고 불평하며 사랑을 의심하고 인연에 집착하며 분노하고 억울해한다. 낮은 에너지의 그들은 4단계의 에너지를 가진 사람의 기운을 빨아먹고 뽑아먹었으며 충분히 치유받았음을 알지 못하고 있는 것이다.

당신이 견딜 수 없이 힘들다면, 고통스럽고 힘든 상황들이 끊임없이 생겨서 답이 나오지 않는다면 인연을 끝내라고 신이 보내주는 신호이다.

죄책감을 가질 필요가 없다. 당신은 이미 낮은 에너지의 그들을 위해 충분히 사랑을 베풀었다.

✦ 5단계 에너지의 치유능력

4단계의 에너지를 가진 사람보다 5단계의 에너지를 가진 사람이 긍정과 평정심, 사랑의 감정이 더욱 강력하다. 하지만 집중치유사의 운명으로는 적합하지 않다.

5단계의 에너지를 가진 경우는 낮은 에너지의 사람들이 가진 두려움, 죄책감, 분노, 열등의식, 공포 등의 감정선이 강하지 않으니 낮은 에너지의 그들을 보면서 안타까워하지만 감정적으로 공감을 하지 못한다. 그와 반대로 긍정과 유머, 행복은 4단계의 에너지보다 더욱 강하게 느끼며 있는 그대로의 자신을 사랑한다. 혼자 있는 시간도 즐겁고 누구와 어울려도 즐거우며 낮은 에너지에게 휘둘리지 않는다.

이들은 사랑과 일에 대해 균형을 이루어 살아가고 있으며 인구의 2%를 차지하고 있다. 이들은 부정적 감정선이 강하지 않기에 본인이 혹시 소시오패스가 아닌가 의심하기도 하지만 긍정과 행복의 감정은 누구보다 강하게 느끼고 있으니 정신적으로 매우 건강한 상태이다.

영감과 직관이 발달되어 있으며 운을 만난다면 사회적으로 큰 성공을 한다. 운을 만나지 못하더라도 어느 정도의 경제수준을 이루고 살아간다.

5단계의 에너지를 가진 경우 두 가지 특징으로 분류할 수 있다. 첫 번째는 전생의 카르마가 크지 않아 행복한 가정에서 태어나 사랑을 받고 좋은 것만 보고 들으며 성장하여, 사람들을 위해 사랑을 베풀면서 살아가고 있으며 인생 자체가 사랑이라 보여지는 사람들이다. 두 번째는 인생의 초년 30년을 카르마에 휩싸여 살아가는 경우이다. 하지만 타고난 성향 자체가 부정적 감정선이 강하지 않으니 힘든 상황 속에서도 긍정적으로 삶을 설계하여 카르마 소멸과 동시에 자신의 인생을 살아간다. 이들은 나이가 40이 넘어 성공을 하는 이들이 많으며, 유머러스하고 권위적이지 않고 카리스마가 있으며 사람들에게 존경을 받는 일을 하게 된다.

이들은 한 명 한 명을 집중 치유하기보다는 많은 사람들을 위해 사랑을 베풀 수 있는 치유를 행하고 있으며 선한 영향력이 있는 예술인들이나 기업가들에게서 많이 볼 수 있다. 낮은 에너지의 사람들이 그들을 보면 질투하며 야유를 하기도 하지만 그들은 전혀 흔들림 없이 자신의 사랑을 나누며 세상을 행복하게 하고 있다. 운을 만나지 못한 5단계의 사람들도 봉사와 기부, 선한 활동에 관심이 많으며 자신의 위치에서 사람들을 위해 사랑을 베푸는 중이다.

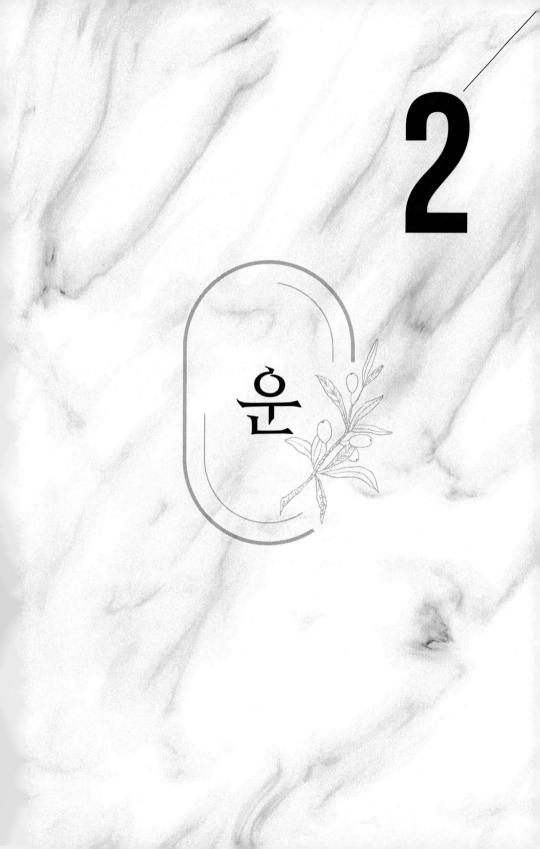

2

운

✦운이 들어오기 직전

사람에게 길운이 오기 전에는 누구에게나 시련이 찾아온다.

혹한기의 추위처럼 시련의 절정에 이르게 되며 이것은 견디기 힘든 고통이다. 힘든 정신적 고통과 육체적 고통이 동반되며 가슴이 조여오고 막혀온다. 명치가 아프고 가슴이 답답하며 건강에도 이상이 오게 된다. 긍정적인 생각을 하려고 해도 마음에 귀신이 들어앉아있는 것처럼 부정적인 마음, 숨이 막힐 것 같은 생각들이 밀려들어온다.

그냥, 살기가 싫어진다.

인생이 허무하고 미래가 행복해 보이지도 않는다. 그리하여 극단적인 선택을 하는 사람도 있으며 미친 짓거리를 하고 다니는 사람도 있다. 하지만 절정의 시련이 지나고 나면 반드시 길운이 들어오게 되니 참고 견디어야 하며 이 고통이 지나고 나면 행운이라는 것이 나의 인생에 함께할 것이다.

흉한 기운과 길한 기운이 뒤엉켜 서로 부딪히고 있을 때 제정신을 가지고 있는 사람은 아무도 없다. 그러나 길운은 흉운을 물리치고 나를 도와주려고 하고 있으니 나도 나를 위해서 싸우는 길운을 위해 정신을 똑바로 차리고 살아가야 한다.

✦운이 안 좋을 때 증상

첫 번째, 잡생각이 많아진다. 일어나지도 않은 일들에 걱정이 병적으로 많아지며 그것으로 인하여 불면증, 정신적 취약 증상 등이 나타난다.

두 번째, 생각이 많아지니 인간에 대해 조금 더 깊이 연구를 하게 된다. 심리학, 운명학, 영성 등에 관심을 보이기 시작한다.

세 번째, 생각이 병들어가니 당연히 몸도 따라 병들게 된다. 면역력이 약해지고 항상 피곤하며 큰 병으로 이어지기도 한다.

네 번째, 생각할 시간이 많아진다는 것은 그만큼 일이 풀리지 않는다는 뜻이다. 하는 일이 순조롭지 못하며 슬럼프에 빠지게 된다. 그리하여 다른 곳을 기웃거린다.

다섯 번째, 사람들이 나만 괴롭히는 듯하다. 운이 좋지 못하니 평소에는 그냥 넘어가도 될 일을 마음 깊숙한 곳에 상처로 남겨둔다. 사람들이 괴롭히는 것도 있겠지만 스스로도 속 좁은 인간이 되기도 하는 것이다.

여섯 번째, 친절한 사람이 다가온다. 힘든 상황에 기댈 수 있는 친절한 사람을 만났을 때 마치 귀인을 만난 듯한 착각에 빠진다.

그러나 결국은 악연인 것이다.

그렇다면 운이 좋지 않을 때는 어떻게 해야 할까?

책을 읽고 운동을 하고 청소를 하는 것이 가장 좋은 방법이나, 이것도 저것도 모두 귀찮을 것이다. 그냥 술이나 먹고 잠이나 푹 자는 것이 최고일 때가 있다.

괜히 여기저기 기웃거리며 새로운 사람과의 만남을 이어가기보다는 아무것도 하지 않고 게으른 상태로 잠이나 자는 것도 나쁘지 않다.

잠도 자다 보면 늘게 된다. 자고 일어나기를 반복하다 보면 이 시간 또한 금방 지나갈 것이다.

쓸데없는 생각, 쓸데없는 짓을 할 바에는 최소한의 경제활동과 생활만을 하며 잠이나 푹 자는 것이 가장 현명한 선택이 되기도 한다.

✦운이 끝나갈 때

사람은 쉽게 죽지 않지만 운은 생각보다 쉽고 빠르게 우리에게 이별을 고한다. 운이 끝나도 사람은 죽지 않고 살아간다. 그래서 사람을 더욱 미치게 만드는 것이다.

한번 운을 맛본 사람은 그 황홀함을 잊지 못하며 또다시 나에게 행운이 찾아올 거라 굳건하게 믿으며 살아가고 있다. 그러나 날 이미 떠나버린 운은 다시 돌아오지 않는다.

운이 끝나갈 때는 나를 찾는 사람들이 줄어든다. 운이 좋을 때는 가만히 있어도 나를 찾는 사람들이 많았으므로 거만함으로 인생을 살아갔을 것이다. 그러나 이제는 나를 찾는 사람들이 점점 줄어들게 되며 완전히 운이 떠나갔을 때는 나를 찾는 사람이 전혀 없으며 되레 내가 사람들을 찾아다닌다.

여기서 또다시 문제가 생기게 된다. 그 사람이 돈이 많고 명예가 있어 굉장히 잘나가는 사람이라고 익히 소문을 들었던 사람은 이 사람의 운이 끝나가는 것도 모르고 자신에게 연락을 준 것에 대해 한 치의 의심 없이 귀인이라 생각한다. 만나서 친분을 쌓는 자신이 마치 무엇이라도 되는 사람인 줄 착각하며, 운이 끝나가는 사람에게 의심 없이 모든 것을 맡기게 된다.

운이 끝나가는 사람이 연락한 사람 또한, 운이 좋지 않았던 사람인 것이었다.

운이 좋은 사람들은 운이 좋은 사람끼리 인연이 만들어지며 운이 좋지 않은 사람들은 좋지 않은 사람끼리 인연이 만들어진다.

사회적으로 성공한 사람은 절대로 먼저 불필요한 사람에게 연락을 하지 않는다는 것이다. 그 사람에게 먼저 연락이 왔다는 것은 운이 끝난다는 신호이며 그것은 귀인이 아니라 악연의 시작을 알리는 출발점이다.

✦ 흉운에 해야할 일

흉운에는 사람의 손발이 묶이는 형상이 된다.

손발이 묶인다는 것은 활동에 지장이 생길 수 있음을 뜻하는 것이다. 사람은 발로 뛰고 손을 움직여 생활하니 흉운에는 먹고살기 힘든 상황이 발생할 수밖에 없는 것이다. 그리하여 살고자 아등바등거리지만 결국은 손발이 묶여 있기에 아등바등해봤자 넘어지기만 할 뿐 내가 할 수 있는 것은 아무것도 없다. 마치 수족관에 갇혀 아무것도 할 수 없는 물고기와 같은 신세가 되는 것이다. 수족관의 물고기가 살겠다고 팔딱거리면 사람들에게 싱싱한 생선이라 인식되어 가장 먼저 생이 절단되는 형상이 된다.

즉, 흉운에는 발버둥칠수록 나의 삶이 더욱 힘들어진다.

그러므로 흉운에 내가 가장 먼저 해야 할 일은 내가 힘든 상황을 인정하고 받아들이는 것이다. 내가 무엇을 하더라도 되지 않음을 인식하고 다른 방향으로 생각을 돌려야 한다.

그 첫 번째로 가장 좋은 방법은 공부를 하는 것이다. 내가 하는 일에 대해 더욱 전문적으로 공부하고 생각하여 다음을 준비해야 한다. 하늘이 사람들에게 흉운을 가져다주는 이유도 나를 발전시키는 시간을 가지라는 의미가 있다.

두 번째는 기도를 하는 것이다. 사람의 인력으로는 흉운을 극복할 수 없다. 다만 기도를 하여 비빌 언덕이라도 만들어놔야 마음이 편안해진다. 흉운의 터널에 있는 시간만이라도 신에게 기대어 마음의 안정을 찾아야 한다. 혹은 명상의 시간을 자주 가져 마음의 평화를 찾도록 노력해야 한다.

세 번째는 아무것도 하지 않는 것이다. 흉운에 공부하는 것이 가장 좋은 일이지만, 사람의 정신력은 사람마다 같지 않음을 인정해야 한다. 정신력이 약한 사람은 그저 아무것도 안 하고 흉운에 잠을 자는 것이 가장 좋은 방법이기도 하다.

흉운은 빛이 들어오지 않는 숨막히는 터널의 시간이다.

준비되어 있는 삶을 사는 사람은 그 시간을 성숙하게 지나게 된다. 그러나 아무것도 준비되지 않은 채 흉운의 시간을 맞닥뜨리게 된다면 죽음과 같은 고통일 수밖에 없는 것이다.

✦ 인생에서 흥운의 시기에 왔을 때

"어떻게 극복해야 할까?"

홍수가 나서 급류에 소와 말이 떠내려간다.

그때 말은 필사적으로 다리를 휘저으며 살겠다고 몸부림친다.

그러나 힘이 빠지면 말은 죽고 만다.

반대로 소는 흘러가는 물에 몸을 맡겨버린다.

그리고 살게 된다.

즉, 흥운의 시기에 왔을 때 극복하려고 몸부림치게 된다면 더욱 지치고 힘들어진다.

그냥 받아들여야 한다.

내가 힘든 시기임을 인정하고 받아들인다면 시간은 흘러가게 된다.

✦운이 안 좋을 때

사람의 운이 극단적으로 좋지 않을 때는 어딘가에 갇히는 현상이 발생한다. 병원에 갇힐 수도 있고 교도소에 갇히기도 하며 관속에 갇히기도 한다. 우울감에 빠져 방 안에만 갇혀 생활하는 이들도 있게 된다. 이렇듯 운이 안 좋을 때는 나 자신이 드러나지 않는 곳에 갇히게 된다.

운이 안 좋을 때는 어딘가에 갇힌 듯 나를 숨기듯 지내는 것이 가장 좋은 방법이다. 하늘에게 나의 존재를 드러내는 순간 나는 아프거나, 법적인 문제로 걸려 들어가거나, 관 속으로 들어간다. 그러므로 나의 존재를 감추기 위해서는 나를 드러내지 말아야 한다.

나를 감추는 방법으로는 극단적으로 조금 거지 같은 생활을 하는 것이 바람직하다. 나의 몸에 치장하고 있는 비싼 장신구들을 멀리하며 비싼 물건을 사는 등 욕심을 내지 말아야 한다. 또한 잘난척, 있는 척, 아는 척 등 온갖 척들과 담을 쌓고 지내는 것이 현명한 방법이다.

하늘이 눈에 불을 켜고 나를 찾고 있는데 우렁찬 목소리로 온몸에 온갖 비싼 장신구들을 반짝이며 척을 하고 다니는 것은 나 여기 있다고 광고를 하는 꼴이 되고 만다.

집구석에서 조용히 책을 보고 지내는 것이 가장 좋은 방법이지만 사회활동을 해야 먹고 살 수 있으므로 가능한 가난한 선비와 같은 마음으로 생활을 해야 할 것이다.

그러나 거지 같은 생활을 하여도 꼭 지켜야 할 것이 있다. 나에게 쓰는 돈에 있어서는 거지 같이 생활하여도 타인에게 쓰는 돈은 아끼지 말아야 한다.

가끔 보면 죽는 운에 재물이 흩어지기도 하는데 목숨과 돈을 맞바꾸는 일도 있는 것이다.

✦죽을 운 피하는 방법

사람은 늙어죽기 위해 태어났다. 젊어서 죽으려고 태어난 것이 절대 아니므로 젊은 시절에 죽을 운은 피할 수 있다. 하지만 늙어서는 죽어야 하는 것이 인간의 숙명이므로 죽을 운을 피하지 못한다. 만약 늙어 죽을 운을 피하게 된다면 이족보행이 어려운 삶을 살거나, 욕됨이 많은 삶을 살아갈 수도 있는 것이다.

젊은 사람이 죽을 운을 피하는 방법은 간단하다. 눈에 띄게 설치는 삶을 살아가지 않는 것이다. 여기저기 계속해서 사람을 만나고 다니며 척을 하고 다니고 화려한 삶을 살아가게 된다면 죽을 운에 죽는 경우가 생기게 된다. 그러므로 있는 듯 없는 듯 살아가는 것이 죽을 운을 피하는 방법이다.

집과 회사만 오가며 생기 넘치는 삶을 잠시 반납하는 것이다. 여건이 된다면 경제활동을 멈추는 것도 좋은 방법이다. 그리하여 흉운에 독서를 하라는 이유도 집구석에서 나오지 말고 조용히 살아가라는 깊은 뜻이 담겨있는 것이다. 독서를 하게 되면 입을 다물게 되고 내 기운이 빠져나가지 않는다. 되레 기운을 모으게 되니 흉운에 에너지가 보충된다.

그리하여 독서는 만화책이건 삶의 철학이 깊은 책이건 그리 중요하지 않으며 입을 다물고 집구석에서 기운을 응축하는 것이 중요한 것이다.

그렇게 말수를 줄이고 겨울잠을 자는 듯 살아간다면 죽을 운에도 반드시 살게 된다.

✦운이라는 손님

어느 날 손님이 찾아왔다.

손님은 아무런 기척도 없이 우리 집에 들어와 자리를 차지하고 앉는다. 하지만 손님이 온 줄도 모르는 집주인은 언제나 부산스럽고 지저분하게 혹은 게으르게 행동하며 손님을 본 척도 하지 않는다. 어느 정도 시간이 흐른 뒤 손님은 자리에서 일어나 집을 나올 준비를 한다.

그제야 집주인은 손님이 온 것을 눈치채고 손님 맞을 준비를 한다. 하지만 이미 손님은 등을 돌리고 현관문을 나서버렸다. 손님을 다시 붙잡고 싶지만 그럴 수 없음을 한탄하고 집주인은 주저앉는다.

손님은 냉정하고 철저하며 인정이라고는 찾아볼 수도 없다. 평생 여러 집을 돌며 정해진 시간만큼만 그 집에 앉아있어야 하기 때문이다. 가야 할 곳이 많으니 한 곳에 오래 머무를 수가 없는 것이다.

손님이 다음 집을 찾아갔다.

이번 집은 손님이 오는 것을 눈치라도 챈 듯 이미 현관문이 열려 있다. 이미 집주인은 손님을 마중나와 손님의 마음을 시작부터 기쁘게 만들었다. 집으로 들어가니 깨끗하고 정갈하게 손님 맞을 준비가 끝나있다. 그리고 온갖 진수성찬으로 손님을 극진히 대접하며 손님이 가실 때도 고마움을 잊지 않고 끊임없이 감사함을 진심으로 전하고 있다. 손님은 다음 집으로 향하면서도 이전 집주인의 대견함을 잊지 않는다.

손님이 내 집에 머무는 시간은 10년이다.

즉, 누구를 막론하고 10년이라는 운이 나를 도와주는 것이다. 그러나 운이 왔는지도 모른 채 운만 기다리면서 살아가는 사람들이 대부분이다.

아무것도 하지 않으면서 돈을 기다리고, 아무것도 노력하지 않으면서 성공을 기다린다.

운이란 노력하는 자에게만 보이는 손님이다. 그래서 어느 정도 기본 실력이 있는 사람만이 손님이 오고 있음을 무의식적으로 느끼게 된다. 그리하여 현관문을 활짝 열어놓고 손님이 왔을 때 10년의 세월을 낭비하지 않고 살아간다.

운 좋은 놈이 성공한다.

그러나 중간 이상의 실력과 노력을 가지고 있어야 한다. 아무것도 하지 않고 어떤 노력도 하지 않는다면 절대로 손님을 볼 수 없을 것이다. 너무 열심히 살 필요는 없다. 그래도 어느 정도의 능력과 실력은 반드시 필요하다.

✦ 인생은 운이다

인생이 순탄하게 풀리는 사람들은 운명학에 그다지 관심이 없다. 그저 자신이 좋아하는 일을 열심히 파고들거나 최선을 다해 무언가에 열정을 쏟아낸다면 인생은 성공의 방향으로 당연히 흐르는 것으로 아는 것이다.

자신이 잘나서 성공을 하는 줄 알고 있다.

그러나 그렇게 성공한 사람보다 더 잘난 사람들이 성공을 하지 못하는 경우가 더욱 많으니, 무언가를 열심히 한다고 해도 성공하는 것은 일부에 불과하다. 물론 성공한 사람들이 인생을 순탄하게만 산 것은 아니다. 하지만 쓰러져도 다시 시작할 수 있는 용기와 주변 환경이 있었으며, 무언가 나를 이끌어주는 보이지 않는 에너지가 작용했다.

성공을 하거나 하지 못하거나, 인생이 순탄하지 않다는 것 또한 마찬가지이다. 무언가를 아무리 열심히 하더라도 항상 제자리걸음인 사람들이 대부분이다. 최선을 다하며 살긴 하지만, 과연 이 길이 나의 길인지 항상 고민한다. 슬럼프가 자주 찾아오고 우울한 마음이 떠나지를 않는다. 열심히 하긴 하지만 성취감이 없거나 결과가 그다지 좋지 않은 것이다.

브라운관에는 성공한 사람들이 자주 등장한다. 자신의 성공과 무용담에 대하여 그럴싸하게 늘어놓는다. 그들을 보는 우리들 또한 그들을 존경스럽고 대단한 존재로 생각하고 있다.

그러나 운이 사람을 성공으로 이끄는 것이며 자리가 사람을 만든다. 누구나 그 자리에 앉게 되면 그럴듯한 무용담과 조언, 명언들을 쏟아낼 수 있는 것이다. 누구다 다 그러한 사람이 될 수 있다.

다만 운이 따라주느냐, 그렇지 않느냐의 차이일 뿐이다.

그러므로 성공한 사람의 뒤를 쫓기보다는 내 자리에서 묵묵히 최선을 다해야 한다. 운을 기다리면서 자리를 지킨다면 운은 나에게 문을 두들겨 줄 것이다.

✦ 운이 좋아질 때

인생은 지루하며 재미없다. 그러나 운이 좋아질 때는 인생이 즐거워지기 시작한다.

첫 번째로 나타나는 변화는 내가 하는 일이 재미있어지기 시작한다는 것이다. 학생은 공부가 재미있고, 주부는 아이를 키우고 살림을 하는 일이 재미있고, 직장인은 그냥 일 자체가 재미있다. 직장에서 만나는 사람과의 관계까지 즐거워진다.

두 번째는, 부지런해지기 시작한다는 것이다. 시간의 소중함을 알게 되며, 시간을 허투루 쓰는 일이 줄어든다. 과거에는 인생의 목표를 오로지 돈으로 두고 살아갔다면 현재는 스스로가 발전하는 것에 대해 초점을 두고 살아가게 된다.

세 번째는, 내 안에 에너지가 완전하게 채워진 기분이 든다는 것이다. 그동안 70~80% 정도의 에너지로 살아간 느낌이었다면, 운이 좋아질 때는 체력적으로 피곤함이 확실히 줄어든다.

네 번째는, 다른 사람들을 그다지 신경쓰지 않게 되는 것이다.

오로지 나에게 집중하고 살아가니 다른 사람이 무엇을 하든지 신경이 쓰이지 않는다.

그와 반대로 운이 좋지 않을 때는 내가 하는 일이 재미없고 내가 왜 살고 있는지 나에게 계속해서 질문하며 슬럼프에 빠지게 된다. 만사가 귀찮으며 오늘 할 일을 내일로 미루기도 하며, 전혀 아무것도 하지 않으며 살아가기도 한다. 또한 기력이 없어 내 몸의 에너지의 30~40%만 채워진 느낌으로 살게 되며, 나 자신보다는 다른 사람들의 삶에 더 관심을 보이게 된다.

운이 좋은 사람의 특징은 아래와 같다.

1. 긍정적이다.
2. 활력이 넘쳐 보인다.
3. 타인의 시선에 목숨 걸지 않는다.

✦ 운과 성격변화

인간이 가질 수 있는 대표적인 악감정으로는 시기와 질투, 분노와 복수심, 자신도 알지 못하는 열등감, 억지스러운 고집, 사악하게 받아들이는 마음이 있다. 운명학으로 가장 쉽게 알 수 있는 것이 성격인데 사주에 나와 있는 성격대로 살아가는 사람도 있으며 그렇지 않은 사람도 있으니 이것은 운을 살펴야 한다.

대운은 10년마다 변하며 마치 계절이 변하듯 꽃이 피고 잎이 지는 듯한 모습이기도 하다. 그러한 변화 속에 사람의 마음 또한 계속해서 변화하게 된다. 기본적인 성격을 타고났어도 운이 어떻게 달라지느냐에 따라 성격이 변하는 것이다.

세상의 모든 것이 변하듯 가장 쉽게 변질되는 것 또한 사람의 마음이니 절대 변하지 않는 사랑을 이야기하는 결혼식의 주례사들은 모두 거짓 나부랭이다.

기본적으로 일 년에 네 번 계절이 바뀌듯, 사람의 마음도 일 년 동안 수없이 변화한다. 그리하여 무언가 계획했던 일을 단 한번의 마음 변화도 없이 꾸준하게 실천하는 사람은 없는 것이다. 가끔 슬럼프에 빠지고 다시 자신을 다잡으며 겨우겨우 자신의 계획을 실천한다.

누가 봐도 대쪽 같은 사람일지라도 그 내면에서는 수없는 파도에 흔들리고 있는 것이 인간이다.

성격에 문제가 있는 사주들이 되레 보살이나 선비와 같이 살아가기도 한다. 그들의 경우 젊을 적 운이 흉운으로, 사람들을 괴롭히고 모든 악감정을 가지고 살아간 경우가 대부분이다.

그러나 운이 바뀌면서 본인 스스로가 자신의 과거를 부끄러워하게 된다. 그리하여 자신이 그러한 인간이었기에 그렇게 살아봤자 아무것도 남지 않음을 스스로가 깨닫고, 깨달아 보살의 경지에 올라서, 선하고 자비로운 사람으로 살아간다. 스님네들만 하더라도 부드러운 사주는 찾기 힘들다.

그러나 사람들은 본인이 어리석은 악감정을 가진 채 살아가면서 손해보지 않고 살아가는 자신이 지혜롭고 잘난 사람이라 여기며 자신이 무조건적으로 옳다 여겨 사람을 이겨먹기라도 한다면 혼자만의 승리감에 젖어 살아가게 된다.

악감정을 가진 채 죽을 때까지 단 하나의 변화도 없는 삶을 살아간다. 가장 불쌍한 인간이다. 본인이 무엇을 잘못했는지, 무엇이 어리석음인지 무엇이 행복이고 불행인지 인지하지 못한 채 그대로 삶을 마감한다.

즉, 사람의 운이 계속해서 흉운으로 이어지는 경우 단돈 몇 푼이나 똥구멍 같은 권력에 취해서 악감정을 가지고 자신을 갉아먹으며 꾸준하게 인생을 살아간다는 것이다. 사람의 운이 좋아질 때는 돈과 권력을 떠나서 자신의 부끄러운 과거를 인지하며 반성하게 된다. 그리하여 다시금 그리 살지 않겠노라, 생각하며 사람이 지혜로워지는 것이다.

사람은 누구나 감정의 변화를 겪고 있으며 그 속에 선과 악이 공존하며 살아간다. 나이가 들어감에 따라 악이 선으로 변하며 융통성과 지혜가 생기는 것이 인간다운 삶이다. 그러나 악감정만을 가지고 꾸준히 살아간다는 것은 분명 가장 불행한 인간이며 신에게도 버림받은 삶을 살아가고 있는 것이다.

✦ 운과 적성, 직업

사람이 운이 좋지 않을 때는 적성과 직업으로 인하여 방황하는 시간이 길어진다. 무언가를 하면서도 몸에 맞지 않는 옷을 입은 느낌이다.

'여긴 어디인지… 나는 누구인지…'

일을 하면서도 하는 일이 이해가 되지 않으며 영혼이 안착되지 않고 하늘을 떠다니는 마음이라 볼 수 있을 것이다. 그리하여 이리저리 기웃거리며 또 다른 적성이나 직업을 찾아나선다.

나에게 맞는 적성과 직업을 찾게 되면 이해 속도가 빨라지며 재미를 붙이게 되고 안정감을 찾게 된다. 그러나 적성과 직업이 나와 완전히 들어맞는 옷이라고 해도, 운이 좋지 않다면 능률이 오르지 않으며 사람들에게 인정도 받기 힘들고 제자리에서 걷고 있는 느낌이다.

그리하여 다시금 또 다른 곳을 기웃거리지만 딱히 할 만한 것도 없다. 직장을 옮기거나 직업 변동을 하고 나서 후회하는 일이 다반 사이다. 즉, 사람이 적성에 맞는 일을 하게 되어도 운이 좋지 않으면 누구나 슬럼프에 빠질 수 있는 것이다.

그렇게 지연되는 시기에 다른 곳을 기웃거리기보다는 자신이 하는 일에 대해 더욱 애정을 가지고 열정을 가진다면 운이 상승할 때 두 단계 발전한 나를 만나게 된다.

그러므로 현재 일이 진행되는 속도가 느리다거나 결과가 나를 만족시키지 못해도, 하는 일이 나름 즐겁고 이해되는 속도가 빠르다면 내 인생의 완벽한 적성이며 직업이라 볼 수 있다.

다만, 운이 좋지 못해서 결과를 얻기 어려울 뿐이다.

✦ 운이 있으면
반드시 그 복을 받는다

흔히들 생각하는 운이라는 것은 명예와 재물이다. 그러나 세상사가 공평하지 않듯 운이 들어와도 명예와 재물이 모든 사람에게 주어지지는 않는다. 그러나 운이란 녀석은 어떠한 방법을 동원해서라도 그 복을 가져다 사람에게 안겨주게 된다. 다만 본인 스스로가 알지 못할 뿐이다.

첫 번째는 앞서 말한 명예와 재물이다.

두 번째는 건강운이라 볼 수 있다.

세 번째는 무난한 생활과 여유로운 시간이다.

네 번째는 자식의 성공이다.

다섯 번째는 평생 백수로 놀고먹을 수 있는 부모복이다.

여섯 번째는 손 하나 까딱하지 않고 모든 것을 타인에게 맡기는 병수발이라 볼 수 있을 것이다.

✦ 거지가 운이 좋으면?

거지가 운이 좋으면 부자가 된다?

"No!"

거지가 운이 좋으면 따뜻한 밥을 얻어먹는다. 즉, 거지는 운이 좋아도 평생 거지라는 것이다. 운이라는 것은 그 사람의 수준에 맞게 찾아온다. 하늘은 감당할 수 없는 운을 던져주지 않는다. 가끔 신의 실수로 감당할 수 없는 운을 주기도 하지만 결코 내 것이 아니므로 신기루처럼 사라져버린다.

운이 들어오기 전 하늘은 사람을 시험한다. 저 사람이 얼마만큼의 능력이 있는지 확인하는 것이다. 그리하여 운이 찾아오기 한두 해 전이 가장 혼란스러운 시기가 되기도 한다. 위기가 찾아오며 하늘이 내린 시험대에 올라서 있는 나의 모습이다. 그동안 시험공부를 하지 못한 사람은 그저 아무것이나 찍어대는 것이 정답이며 자신의 능력을 최대한 끌어올려 살아간 사람은 그것 또한 정답이다.

하늘이 내린 답안의 정답은 결국 나의 지나온 과거의 시간인 것이다. 그 시험지를 가지고 하늘은 그 사람의 능력에 맞게 운이 찾아가도록 한다. 아무렇게나 마구잡이로 살아온 인간에게는 마구잡이 같은 운이 찾아와 그저 밥이나 굶지 않는 운이 찾아가며, 그동안 열심히 살아간 사람에게는 그에 맞는 운이 찾아가 걸맞은 자리를 만들어주는 것이다.

당신은 그저 따뜻한 밥이나 얻어먹으려고 운을 기다리는 것인가?

✦꿈은 이루어진다

자신이 간절히 원하는 명확한 목표가 있다면 그 꿈은 반드시 이루어진다. 단, 인내심과의 싸움에서 이길 때에만 가능하다.

인내라는 것이 쉬운 듯 보이지만 막상 어려움과 고난들이 닥쳐온다면 명확한 목표와 꿈이 있어도 흔들리는 마음이 생기게 된다. 그래서 자신의 꿈을 포기해버리는 사람이 98%이다.

그리고 어느새 꿈을 잃어버리고 삶이 나를 조종하게 만들며, 이것도 행복이라며 합리화하고 견뎌내며 살아간다. 하지만 내면의 무의식은 꿈을 이루지 못한 자신을 원망하고, 삶에 휘둘리며 살아가는 자신이 애처롭다.

참고 이겨낸다면 운은 반드시 나에게 와서 문을 두들겨줄 것이며 당신의 꿈은 반드시 이루어질 것이다.

운이라는 것이 사람마다 찾아오는 시기가 다르다. 어떤 이에게는 인내의 시간도 없이 바로 찾아오기도 하며, 어떤 이는 노년에 이르러서 운이 찾아오기도 한다.

운이 초년에 찾아오면 좋을 듯하지만 초년의 운은 인생의 불행이다.

고생도 없이 꿈을 이루었으니 자만함과 오만함이 생기게 되고 자신을 과대평가하는 망상에 사로잡힌다. 하지만 시간이 지나면서 자신의 실력이 운에 비해 형편없음을 알고 나보다 잘난 사람을 시기하고 질투하며 방황하는 마음으로 세상을 살아가게 된다.

인내와 겸손, 실력을 갖춘 후에 운이 찾아와야 완벽한 성공이라 볼 수 있는 것이다. 그래서 운이 40대에 찾아오는 것은 행운 중에 행운이며, 그 시기에 성공을 이룬 사람은 내면이 단단하며 방황하지 않는다.

노년에 이르러서야 운이 찾아오는 것도 좋은 일이지만, 안타깝게도 인간의 인내심이 그리 길지는 않으니 운이 오더라도 쳐다만 볼 뿐이다.

✦ 인생의 성공과
  인간의 의지력

성공을 하기 위한 절대조건은 '운빨'이다.

대단한 실력자라고 하더라도 운의 흐름을 타지 못한다면 보통의
사람으로 살 수밖에 없다. 인생에서 순탄하게 성공하는 사람들은
99.8%의 운빨을 가지고 있는 것이다. 흔히 대운이 완벽하게 들어섰
다고 말하는 사주이다. 이러한 사람들은 뒤로 넘어져도 돈을 줍게
되며 사람들에게 인기를 얻게 된다. 그러나 운이 완벽하게 들어서
지 않았음에도 성공을 하는 이들이 점점 많아지고 있으니, 자신이
가지고 있는 에너지를 모두 쏟아내는 엄청난 정신력과 의지력이 있
다고 볼 수 있다.

사람이 성공하기 위해서는 99.8%의 운이 들어와야 하며 그렇지
않다면 70% 정도의 운이라도 들어와야 자신의 위치에서 성공했다
고 할 만한 사람이 된다.

하지만 단 15%의 운만을 가지고 성공을 하기도 하니, 고전사주
에서는 찾아보기기 힘든 인간상이라 볼 수 있다. 15%라는 운이란

의식주를 겨우 해결하며 살아가는 삶이라 볼 수 있으며 인간으로서는 한계가 있는 운인 것이다.

그러나 어떤 사람들은 그렇게 15%의 운만을 가지고 성공을 이루기도 하니, 얼마큼 힘들고 치열하게 살았는지 짐작이 되고도 남는다.

그래서 운명을 상담할 때 사주만을 가지고 사람을 상담하게 되면 오류를 범하는 일이 종종 생기게 되므로 반드시 그 사람의 정신력과 의지력을 함께 살피는 것이 중요하다.

그와 반대로 70% 이상의 운을 가지고도 의식주만 겨우 해결하는 삶을 살아가기도 하니, 의지력 없는 사람은 신마저 거부하게 만드는 것이 확실해 보인다.

인간의 강인한 정신력과 의지력은 신을 감동하게 만드니 단 15%의 운이라도 성공이라는 것을 기필코 할 수 있다. 그러나 자신의 한계를 넘어설 각오를 해야 한다.

✦ 성공한 사람들이
가지고 있는 것

성공을 하기 위해서는 특출난 능력이 있으면 좋겠지만 적당한 능력만 있더라도 성공을 하는 경우가 많으므로 성공에 천재적인 능력치가 필요하지는 않다. 되레 천재적인 능력과 생각은 시대를 너무 앞서간 나머지 사람들을 이해시키기 어려워 비운의 천재로 남기도 한다.

즉, 성공하기 위해서는 적당한 능력만 있어도 가능하다.

능력을 기본값으로 가지고 있을 때 운이 따라준다면 먹고 살 수 있고, 문명을 누릴 수 있는 자리가 만들어진다. 일반적인 사람들이 여기에 속하게 된다. 그러나 같은 사주라도, 같은 운이라도 어떠한 이는 크게 성공을 하게 되며 보통의 이는 먹고 살기만 하는 인생을 살아가게 된다. 분명 자신은 운도 사주도 모두 따라주는데 더 이상 발전이 없이 전전긍긍 살아가고 있는 것이다.

하지만 성공을 하는 1%의 사람들이 가지고 있는 그것을 모르기 때문에 운이 들어왔어도 서민층을 벗어나지 못한다. 이것은 사주로도 전혀 알 수 없는 자신만의 특별한 능력이다.

성공한 사람들이 반드시 지니고 있는 '용기'라는 능력인 것이다. 용기가 없는 사람은 운이 들어와도 그저 그런 삶을 살아가며 현재의 안정된 생활을 벗어날 용기를 가지지 못한다.

용기가 없는 사람은 낯선 사람에게 말 거는 것조차 어려워하며 누군가에게 거절당하는 것을 끔찍하게 두려워한다. 이러한 사람의 경우는 사주와 운이 아무리 완벽하더라도 성공이라는 것을 가지기 어렵다. 시작하려는 용기도 없으며, 온갖 핑계를 대며 합리화로 인생을 마무리하기 때문이다.

하지만 용기가 있는 사람은 시작부터 하고 역경을 헤쳐 나간다. 완벽하지 않음을 알기에 사람들에게 도움을 받기도 하며 거절을 당하기도 하고, 그렇게 시작하면서 배워나가며 그 자리에까지 올라서는 것이다.

처음부터 완벽했던 사람이 아닌, 시작하려는 용기를 가지고 완벽해지려고 노력하는 사람이 결국 성공하는 것이다.

그래서 당신이 아무리 사주와 운이 완벽하더라도 거기에서 더 이상 발전을 못하는 것은 바로 자기 자신 때문이다.

위험을 감수할 수 있는 용기조차도, 시작할 수 있는 용기조차도 없는 사람에겐 성공의 신은 기회조차 주지 않는다.

✦ 인생의 저축

우리는 미래를 대비해 은행에 저축을 한다. 만약 목돈이 나갈 일이 있거나 생활에 지장이 오게 된다면 저축한 돈으로 그 상황을 모면하고 다시금 미래를 대비한다. 만약 저축해둔 돈이 없다면 빚을 내서 생활해야 하며 더 이상 빚을 낼 곳도 없다면 돈으로 인한 고통으로 인하여 극단적인 상황까지 일어나기도 한다.

즉, 생존하기 위한 수단으로, 사람답게 살기 위해 저축을 하는 것이다. 그러나 사실 생존에 필요한 저축도 필요하지만 눈에 보이지 않는 선한 인생의 저축도 반드시 필요하다. 내가 선한 행동을 할 때마다 인생의 마일리지가 쌓여간다. 그리하여 흉한 운에 왔을 때 쌓아놓은 마일리지로 극단적 흉함을 면하는 경우가 생기게 된다.

사주의 데이터를 분석하고 연구를 하다 보면 똑같이 흉한 운을 만났더라도 어떠한 이는 간단한 액땜으로 흉함을 면하게 되고, 어떠한 이는 죽을 운이 아닌데도 사망하는 경우를 목격한다.

선함의 저축은커녕 불행의 저축만을 쌓아놓고 흉한 운까지 겹쳐 들어왔으니 그 결과는 고통으로 끝을 맺게 된다.

일반적으로는 힘들고 어려운 상황에 처해도 어떻게든 상황을 마무리짓고 극복하게 된다. 폐차 직전까지 차 사고가 나도 교통사고로 죽는 사람들이 생각보다 많이 없으며 누가 봐도 어려운 상황인데 사람들은 꾸역꾸역 그 상황을 헤쳐나간다. 흔히들 조상들이 도와주었다고 말을 하며 신께 고마워한다.

하지만 사실은 내가 쌓아놓은 선함의 마일리지로 흉한 운을 액땜한 것이다. 사람이 기부를 많이 하고 봉사를 해야 선함이 쌓이는 것은 아니다. 타인의 말을 잘 들어주는 것도 선함이요, 공감으로 타인에게 따뜻한 말 한마디 건네주는 것도 선함이고, 밥 한번 술 한번 사는 것도 선함이며, 사람을 웃게 해주는 것도 선함인 것이다. 뭇 생명들의 밥을 챙겨주는 것도 선함이고, 쓰레기를 함부로 버리지 않는 것도 선함이며, 타인을 위해 주차선을 지켜주는 것도 선함이다. 이렇게 사소한 하나하나의 선함에 마일리지가 쌓여간다.

대부분의 사람들은 자신도 모르는 새 이미 선한 인생의 저축을 하고 있는 중이다. 그래서 세상은 아직도 따뜻하게 돌아가고 있는 것이다.

✦죽고 싶다는 생각을
계속하면

사람은 자신의 마음 에너지에 따른 기운을 지니게 된다. 긍정적 에너지를 가진 사람에게는 긍정의 기운이 발산되고 부정적 에너지를 가진 사람에게는 부정의 기운이 발산된다.

사람들이 부정적인 사람들과 가까이하지 않으려는 것도 결국은 불길한 에너지를 가까이하고 싶지 않은 나의 에너지의 방어작용이다.

그와 반대로 항상 만나고 싶은 사람이 있는데 그들은 길한 에너지를 발산하니 주위에 사람이 끊이지 않는 것이다. 그런 마음의 에너지는 살아있는 생명들뿐만 아니라 보이지 않는 음의 에너지들에게도 작용하게 된다. 그리하여 부정적인 생각만을 하는 사람들의 경우 귀신들리는 일이 많으며 정신병 또한 쉽게 생길 수 있다. 자신감이 많고 양의 기운이 넘쳐나는 사람들에게는 절대로 잡귀신의 빙의 같은 일이 일어나지 않는다.

부정적인 생각 중에 가장 불길한 생각은 죽고 싶다는 생각이다. 사람이 반복적으로 죽고 싶다 생각을 한다면 죽음의 에너지를 가질 수밖에 없으며 그런 에너지들이 내 주위에 모여든다. 그리하여 죽을 운이 아닌데도 사망에 이르는 경우가 있는 것이다.

특히 집안에 연로한 노인이 있다거나 아픈 환자가 있을 때, 노인과 환자는 살아야겠다는 강한 의지를 가지고 있는데 그와 반대로 자신은 죽고 싶다는 생각만 하고 있다면 저승사자는 에너지의 착각 형상으로 인하여 정작 죽어야 할 사람은 데려가지 않고 죽고 싶다는 강한 에너지를 가진 당신을 데려간다.

아직 죽을 때가 되지 않았는데 죽음에 이르렀으니 죽은 후에도 저승으로 가지 못하고 이승을 떠돌아다니며 본인 또한 잡귀신 신세를 면치 못하게 된다. 그리하여 한 많은 귀신이 되어 사람들에게 해를 끼치고 다니게 되는 것이다.

혹은, 죽음에 이르지 않더라도 죽음의 에너지가 계속해서 내 주위에서 떠나지 않으니 사건사고가 끊이지 않으며 인간관계는 엉망이 돼버리고 되는 일이 전혀 없게 되어 죽지 못해 사는 삶을 살아가게 된다.

그러므로 반드시 죽고 싶다는 생각을 내 마음에서 내보내야 한다. 그러나 마음이란 내 것이지만 내 마음대로 되지 않는다. 하지만 사람의 행동이나 말이 반복된다면 마음의 에너지도 변하게 되니 우선은 말로써 실천하는 것이 필요하다.

행복하다, 맛있다, 즐겁다, 재미있다, 귀엽다, 할 수 있다, 나는 잘났다 등… 긍정의 에너지를 가진 말들을 계속해서 습관적으로 하다 보면 반드시 부정의 기운이 사라지고, 생기로 가득한 긍정의 에너지가 만들어질 것이다.

✦인생을 살기 싫다는 건

인생을 살기 싫다는 건, 당신이 간절하게 인생을 살고 싶다는 마음이다. 다만 내가 원하는 것이 이루어지지 않으니 좌절하는 마음이 살기 싫은 마음으로 나를 괴롭히는 것이다.

당신은 지금 간절하게 인생을 살고 싶다. 또한 내가 살아가는 인생의 보상을 받고 싶다. 그러나 누구나 자기가 원하는 것을 가질 수는 없다.

우리는 얼떨결에 태어났다. 얼떨결에 태어났기에 굳이 열심히 살 필요도 없다. 얼떨결에 태어나 얼떨결에 사는 것이 인생이기도 하다. 다만 운 좋은 놈은 성공이라는 것을 가지고 살아가는 것이며 운이 좋지 않은 놈은 그냥 태어난 김에 살아가게 되는 것이다.

사람에게는 누구나 시운이라는 것이 존재한다. 계절이 변하듯 나의 인생에 겨울이 올 때도 있고 봄이 올 때도 있는 것이다. 봄이 왔을 때는 모든 것이 아름답고 사는 것이 재미있다. 하지만 겨울에 와 있는 인생은 겨울잠을 자야 하는 시기이다.

즉, 대충 살아가야 하는 시기인 것이다.

이런 시기에 너무 열심히 살게 된다면 좌절이라는 것을 하게 되며 열심히 살고자 하는 마음이 살기 싫은 마음으로 나를 괴롭힌다. 인생의 겨울은 에너지를 축적해둬야 하는 시기이며, 대충 사는 것이 정답이다. 봄이 왔을 때 그동안에 축적해둔 에너지를 가지고 인생을 살아가야 하는 것이다.

지금 당신이 살기 싫다는 건 간절히 살고 싶다는 마음이다. 살고 싶은 마음의 에너지를 다른 곳에 쓸데없이 사용하지 말아야 한다.

겨울잠을 자야 하는 시기인 것이다.

그러므로… 대충 살아라.

대충 살다 보면 살아진다.

네가 헛되이 보낸 오늘은 어제 죽은 이가 그토록 그리던 내일이라고?

"헛되이 보내는 시간도 내 인생의 일부이다."

✦ 거지

운이 좋지 않을 때는 없는 척 조용하게 살아가는 것이 최선이다. 화려한 겉모습도 그다지 좋지 않으며 누추하게 먹고 입는 것이 흉운을 피해가는 길이다. 하늘은 비루한 겉모습의 사람을 보면서 이미 흉운이 왔다고 판단하고 다른 곳으로 눈을 돌린다. 그러나 화려한 겉모습에 있는 척하는 사람들에게 하늘은 흉운이 아직 약하다 생각하고 최악의 운을 보내게 된다.

하늘은 운이 들어오기 전 사람을 평가한 후 그에 알맞은 운을 부여한다. 비루한 겉모습을 하고 있어도 사람들에게 베풀기 좋아하는 그들에게는 더욱 많이 베풀 수 있는 운을 주는 것이며 거지같이 구걸하기 좋아하는 사람들에게는 더욱 열심히 구걸하라며 비참한 삶을 던져준다.

거지 같은 겉모습과 거지 같은 내면의 근성은 전혀 다름을 사람들은 알지 못한다. 세상에 절대로 공짜는 존재하지 않는다. 공짜 좋아하는 사람은 그 순간 공짜로 무언가를 얻었다 승리감에 젖어들지만 자신의 운이 계속해서 줄어들고 있는 것을 인지하지 못한다.

온갖 비싼 장신구로 자신을 치장하지만 빌어먹는 근성을 가지고 있다면 하늘은 그들을 거지로 분류하여 더욱 빌어먹을 수 있게 비참함을 던져주게 될 것이다.

인간이 생각하는 거지와 하늘이 분류하는 거지가 다름을 반드시 알아야 한다.

✦ 흉운에 살아가기

집 밖에 거센 폭풍우가 몰아치고 있다. 그러나 집 밖을 나가지 않는다면 거센 비바람과 맞서지 않아도 된다. 즉, 아무것도 하지 않는다면 아무 일도 일어나지 않는 것이다. 하지만 먹고살기 위해 집 밖을 나가야 할 경우, 튼튼한 우산을 준비해서 나간다면 비에 젖는 양이 줄어든다.

하지만 폭풍우가 거세게 몰아치고 벼락이 내리꽂는데도 그저 이슬비라 생각하고 낭만에 젖어 맨몸으로 집 밖을 나섰다가는 되돌이킬 수 없는 지경에 이를 것이다.

길운에는 어떠한 사람이나 먹고살 만한 삶을 살아간다. 그러나 흉운은 누구를 막론하고 힘들게 겨우겨우 인생을 기어가듯 살게 한다. 하지만 가끔 흉운에도 먹고살 만한 삶을 살아가는 사람들을 볼 수 있다.

인간은 혼자서 살아갈 수 없는 사회구조에서 태어났다. 언제나 누구와 함께 엮이며 살아가게 된다. 흉운에는 운 나쁜 사람과 엮여 살아가게 되며, 길운에는 운 좋은 사람과 엮여 살아가게 되는 것이 일반적이다.

그러나 흉운이라도 운 좋은 사람들 틈에 알게 모르게 엮어서 살아가는 사람들을 볼 수 있는데 그들은 나쁜 운에도 잘 먹고 잘 살아가고 있는 것을 자주 목격한다.

다만 알게 모르게, 있는 듯 없는 듯 살아가야 한다는 것이 핵심이다. 내가 여기 있다고 사방팔방 떠벌리고 다니다 보면 결국은 흉한 운에게 들키는 꼴이 되어 길운 밖으로 내몰리게 된다.

그래서 잘난 척하고 말 많은 사람이 흉운의 직격타를 강하게 맞게 되며, 말 없고 있는 듯 없는 듯 살아가는 사람들은 흉운을 피해 가게 되는 것이다. 다만 크게 성공하기는 힘든 삶이지만 크게 힘든 삶을 살아가지도 않으니 그다지 나쁜 삶이라 보기는 어렵다.

그러므로 흉운에 살아남는 법은 욕심에 사로잡히지 않는 것이 첫 번째이며, 나의 존재를 드러내지 말고 없는 듯 살아가는 것이 두 번째이다. 또한 새로운 사람들과 인연을 만들지 않는 것이 세 번째이며, 최대한 문명과 멀리하며 거지 같은 옷을 입고 생활하는 것이 네 번째이다. 또 사야 할 물건이나 써야 할 돈이 있다면 화끈하게 써주는 것이 다섯 번째이다.

돈이 모일수록, 내가 눈에 잘 띄는 사람이 될수록 흉운의 사자에게 '나 여기 있소'하고 광고하는 꼴이 되는 것이다.

✦ 운이란 무엇일까?

운을 한마디로 정의하기는 여간 어려운 일이 아니다. 그러나 운이 들어온다면 돈과 명예 등이 따르게 되니 안정되고 편안한 인생을 살아갈 수 있는 것은 확실해 보인다. 그러므로 운이란 문명이라 볼 수 있기도 하다. 물질적, 사회적으로 충분히 누릴 수 있는 여건이 형성되는 것이다.

기본적으로 의식주가 안정되니 문화를 즐기고, 자기발전을 하며, 그저 먹고사는 것을 뛰어넘어 정신세계를 추구하기도 한다. 예술세계에 눈을 뜨고, 타인을 위해 살아가는 마음도 배우게 된다.

하지만 운이 좋지 않다면 먹고사는 문제가 급선무이니 예술 같은 문화를 즐기기에는 다소 무리가 있을 것이다. 집에 쌀도 떨어졌는데 디저트를 즐기는 격으로 가랑이가 찢어지고 제 명에 살지 못할 일이다. 내 목구멍이 포도청이니 타인을 위한 삶을 살아간다는 것도 허상 같은 이야기이며 그저 하루하루 삶에 충실할 수밖에 없는 것이다.

그리하여 운 좋고 잘 사는 인간들은 가난한 이들에 대해 자기네

들만의 통계를 만들어 가난한 집 아이들은 뇌의 성장이 느리다느니 인간들이 이기적이라느니 기생충 같은 삶이라느니 무시하며 손가락질을 해대고 있다. 심지어 가난한 사람을 비하하는 영화가 전 세계에서 최고의 영화로 찬사를 받고 있으니 아이러니한 세상이라 볼 수 있을 것이다.

즉, 운이 좋은 사람이라는 것은 문명을 즐기기에 충분한 돈과 시간적 여유를 가진 사람인 것이다. 또한 즐기는 것을 뛰어넘어 문명을 만들어낼 수도 있으니 뭇 사람들에게 자신의 이름을 알리게 된다.

운명학에서도 운이 좋은 경우는 문명을 즐기면서 우아한 삶을 살아간다. 하지만 그와 반대로 운이 좋지 않을 경우 황새 따라가는 삶을 살다가 단명하는 것을 자주 목격하게 되며, 결국 문명은 운 좋은 사람들만의 특권이라 볼 수도 있는 것이다.

그리하여 흉운에는 조용히 있는 듯 없는 듯 살아가는 것이 고달픈 인생을 면하는 길이니 똑똑해도 모르는 척, 멍청한 척, 거지 같은 모습을 하고 살아가는 것만이 나를 살리는 길이다.

인생은 돌고 도는 것이 진리이므로 가난으로 손가락질 받는 삶을 살고 있어도 언젠가는 당신도 문명을 즐길 수 있는 삶을 살아가게 되며, 문명 위에 서 있는 사람들도 의식주를 걱정하며 뇌가 쇠퇴하는 삶을 살아갈 수도 있을 것이니, 불공평하다 생각하지 말고 지금 삶에 최선을 다하며 살아가자.

✦ 집 안 쓰레기

요즘 필요한 물품의 90% 정도는 인터넷으로 사들이고 있다. 그래서인지 박스부터 시작하여 여러 가지 쓰레기가 엄청나게 쌓이고 있다. 또한 인터넷을 사용한 후로는 그 편리함으로 인하여 쓸데없는 소비까지 많아졌다. 소비의 신이 나를 자꾸 유혹하니 집구석에 물건이 계속 쌓이게 된다. 물건을 많이 사들인다는 것은 그만큼 쓰레기도 많아진다는 이야기가 된다. 그리하여 쓰레기를 갖다버릴 때마다 혼자 끙끙거리며 소비를 줄여야겠다고 시답잖은 다짐들을 한다.

만약 물건을 사들이기만 하고, 내다버리지 못하는 경우는 어떠한 일이 발생할까? 집에 쓰레기가 쌓여가며 악취와 먼지가 내 집 안방을 차지하고 있을 것이다. 즉, 집구석이 엉망진창 쓰레기 집이 될 것은 뻔한 일이다.

이것은 집에만 해당하는 이야기가 아니다. 먹는 양에 비하여 배설이 순조롭게 되지 않는다면 몸에 쓰레기가 쌓이게 되니 각종 질환에 걸릴 수 있는 것이다. 무엇이든 들어오는 것에 비하여 나가는 것이 턱없이 부족하다면 운이 막히게 된다.

운이란 움직이면서 돌고 도는 기운이다. 운은 흐름이며 흐름이 아름다워야 운이 상승하는 것이다.

들어오는 것은 많으나 나가는 것이 전혀 없는 사람들도 있는데 이런 사람들은 운이 막혀있으므로 정신적으로나 육체적으로도 정상일 리가 없다. 배설장애로 볼 수 있으니 인생사가 순조로울 리가 없는 것이다.

인생에 쓰레기가 쌓이지 않게 하는 방법
1. 공짜를 좋아하지 말고, 얻어먹는 것에 익숙해지지 말아야 한다.
2. 돈을 써서 베푸는 것이 가장 좋은 방법이나, 돈이 없다면 말이라도 예쁘게 해야 한다.
3. 안 쓰는 물건 갖다버려라.
4. 들어오는 바람이 있으면 나가는 바람도 있어야 한다. 환기를 시켜라.
5. 많이 먹지 말아라. 몸속에 쓰레기가 쌓이게 되며 결국은 큰 병 걸린다.

이 다섯 가지만 지키더라도, 인생사 쓰레기가 쌓이는 일이 그다지 없으므로 운이 상승하게 되며, 쾌적한 인생을 살아갈 수 있을 것이다.

✦ 길운과 흉운

    길운에는 무엇을 하든 일이 잘 풀려나가니 스스로를 과대평가하게 된다. 그러나 흉운에는 무엇을 하든 일이 풀리지 않으니 스스로를 과소평가하게 된다. 흉운인 사람이 실력이 좋더라도 길운이 들어온 사람을 이길 수 없으니 실력이 있으면서도 본인을 믿지 못하며 좌절하는 삶을 살아간다. 하지만 그런 와중에도 스스로를 더 연구하며 발전시킨다면 길운이 들어왔을 때 아무도 따라올 수 없는 실력자가 되어 있을 것이다.

    반대로 길운인 사람은 실력이 없더라도 과대평가를 받고 있으니, 운이 떠났을 때는 아무것도 남지 않으며 과거의 화려함만을 좇아 텅 빈 인생을 살아가기도 한다.

흉운의 10년이 사람을 장인으로 만든다는 것을 잊지 말아야 한다.

✦음악 개운법

사람이란 누구나 괴로움보다는 즐거움을 원하게 된다. 또한 즐거울 때 운이 상승하는 것은 말할 나위도 없다. 사람의 운이 하락하는 시점에는 즐거운 일이 그다지 없게 된다. 되레 괴로움과 고뇌가 찾아올 뿐이다.

운이 좋지 않은 시기에는 어디서 즐거움을 찾아야 하는가? 유흥? 도박? 사람들과의 정신없는 만남? 그것은 운을 하락시키며 인간관계가 얽히고설키게 되며 주관이 엉성한 사람들의 경우는 끝이 보이지 않는 나락으로 떨어지게 되기도 한다.

인간은 항상 즐거움을 추구한다. 그러나 즐거움을 잘못 찾게 된다면 순간적 쾌락으로 인하여 헤어나오지 못하는 지옥의 늪에서 평생을 살다가 그곳에서 생을 마감하기도 한다. 그러므로 인간은 쾌락적 즐거움과 아름다운 즐거움을 구분하여 인생을 꽃처럼 향기롭게 살아가야 하는 것이다.

즐거움으로 운을 상승시키는 방법 중 가장 손쉽게 할 수 있는 것은 음악을 듣는 일이다. 은은한 음악의 향이 내가 있는 곳 구석구

석을 향기롭게 퍼져나가며 흉한 기운을 기쁘고 길한 기운으로 순환시켜주게 된다. 내가 음악을 연주한다면 더할 나위 없다.

그리하여 운이 좋지 않고 마음이 항시 불안할 때는 나만의 악기를 배우고 연주하는 것이 최고의 개운법이 되기도 한다. 그러나 어느 정도 향기롭게 음악을 연주하기 위해서는 꽤나 시간이 걸리는 것이 아쉬울 뿐이다.

새로운 쾌락적 만남을 추구하기보다는 내가 사랑하는 나의 사람들과 술 한 잔을 하며 가벼운 농담을 주고받는 것도 매우 행복하고 즐거운 일이라 볼 수 있다.

"지금 당장 풍악을 울려라~!"

즐거움이 찾아올 것이다.

✦ 청소 개운법

왜 나는 운이 트이지 않을까…

혹시… 현재 지저분하게 살고 있지 않습니까?

쓰지 않는 각종 물건들과 옷가지, 냉장고에는 언제 샀는지 기억조차 안 나는 음식들… 어디선가 나는 퀴퀴한 냄새들과, 정리정돈이라는 것이 무엇인지 잊어버린 개념의 집구석, 나조차도 사용하기 찝찝한 화장실, 찢어지고 갈라진 벽지와 장판, 그리고 환기가 되지 않아 생겨버린 곰팡이들, 심지어 거미줄까지…

집이라는 곳은 나의 편안한 안식처이며 휴식을 취할 수 있는 공간이다. 오행 중에 水와 木이 공존하는 곳이라 볼 수 있다. 水는 죽음이며, 木은 태어남을 뜻하게 되는데 水라는 작은 죽음으로 들어서서 편안한 잠을 청한 뒤 새로운 탄생이 되는 木의 생기를 받아 하루를 시작하고 마무리하는 곳이다. 인생에 꼭 필요한 곳이며 매우 중요한 곳이기에 그곳은 언제나 쾌적하고 깨끗해야 한다.

그러한 집이라는 곳이 지저분하다는 것은 운을 받아들일 뜻이 없음을 이야기하는 것과 같다. 그리하여 집에서 최고의 인테리어는 '청소'이며 완벽한 개운법이라 볼 수 있는 것이다.

또한 안방에는 부부가 생활해야 하며 아이의 방에는 아이가 생활을 해야 한다. 옷장에는 옷이 들어가야 하며, 신발장에는 신발이, 주방에는 주방용품이 있어야 한다. 매우 기본적이며 당연한 이치이기도 하다.

나는 왜 운이 트이지 않을까?

너무 많은 음식을 섭취한다거나, 심각하게 게을러서 자신의 몸조차 씻지 않는다거나, 한집에 사는 사람들과 마음이 맞지 않아 언제나 다툼이 끊이지 않는다거나, 오지랖은 넓은데 자신에게만 돈을 쓰며 항상 지갑이 닫혀있다거나, 단 100원도 손해를 보면서는 살 수 없다거나…

운이 들어왔지만 운이 막히는 것은 모두 내 스스로가 자초한 일인 것이다.

"쓰지 않는 물건 버리고 청소하세요."

✦ 살아있는 소리

생명이 있는 사람은 陽(양)이며, 죽은 사람은 陰(음)이라 볼 수 있다. 움직임은 陽이며, 움직임이 없는 것은 陰이다.

살아있는 사람은 살아있는 소리를 들어야 生氣(생기)를 북돋울 수 있고, 死氣(사기)가 강해질 경우는 건강에 문제가 생기며 운이 하락함을 암시한다.

작은 죽음에서 깨어날 때 맑은 새소리를 들으며 새로운 하루를 출발한다. 부엌에서는 밥하는 소리가 부산스러우며, 세탁실에서는 세탁기가 돌아간다. 창문을 열어놓고 환기를 시키며 청소기를 돌린다. 시끄럽고 분주하게 하루를 준비하고 집 밖을 나선다. 바람에 나무들이 서로 몸을 비비는 소리를 내며 냇물이 흐르는 소리 또한 아름답다. 따사로운 햇볕 아래 사람들이 웃고 떠드는 소리가 들린다. 나도 사람들과 같이 웃으며 가벼운 농담을 주고받는다. 하루 일과를 마치고 집으로 돌아와 죽은 사람이 염을 하여 관에 들어가듯 몸을 씻는다. 가벼운 저녁식사를 하고 약간의 휴식을 취한 뒤 또다시 작은 죽음으로 빠져든다.

사람이 햇볕 아래 활동하는 낮 시간은 陽이라 볼 수 있으며, 해가 저물고 달이 뜬 밤 시간은 陰의 기운이라 볼 수 있다.

그리하여 사람은 낮에 활동하며, 귀신은 밤에 활동한다. 밤 시간에 어쩔 수 없이 활동을 해야 하는 사람도 있지만 밤에 일을 오래하게 된다면 기운의 순환이 뒤틀리게 되므로 건강 이상이 자주 발생할 수 있다.

사람은 살아있다. 살아있는 생명은 생기가 있어야 한다. 그리하여 살아있는 소리를 항시 들어야 하며 살아있는 소리로 살아야 한다.

달이 뜰 때 일어나 멍하니 누워서 혹은 앉아서, 청소도 하지 않고 환기도 하지 않고 사람과의 소통도 하지 않고, 다시금 해가 뜰 때 잠이 드는 것을 반복하면 곧 그 사람은 생과의 이별을 할 수 있음을 암시한다. 혹은 귀신에게 자신의 육체를 저당잡혀 정신이상자처럼 살아가기도 한다.

살고 싶으면 살아있음을 느껴야 한다.

시한부 판정을 받은 사람이 산에 들어가 살아있는 소리들과 같이 부지런하게 생활하여 다시금 건강해지기도 하는 일이 자주 일어난다. 건강하게, 사람답게 살고 싶다면 살아있는 소리를 들으며 살면 되는 것이다.

✦밥을 먹읍시다

밥은 무엇인가?

생명을 유지해주는 기본적 조건이다. 생명의 기운이 약해지는 시점에서 사람이 가장 먼저 하는 것은 곡기를 끊는 일이다. 즉, 밥을 먹지 못한다는 것은 곧 이승과의 이별이 얼마 남지 않음을 말해주는 것이다.

흔히 '밥심'이라고 말들을 하는데, 밥을 먹고 힘을 내자는 의미로 많이들 쓰고 있다. 사람들을 만날 때도 식사 여부부터 물어보며 누군가 위로를 할 때도 밥은 꼭 챙겨 먹으라며 위로해준다.

새로운 집으로 이사를 하게 될 때도 밥을 한 날이 첫날이라 볼 수도 있다. 그리하여 좋은 이삿날을 잡지 못하게 되는 경우는 우선은 밥통이라도 갖다 놓는다. 밥이란 생명의 기운이며 새로운 시작을 할 때 나에게 힘을 주는 기본에너지이다. 그렇게 생명을 강하게 품은 '밥'이라는 에너지가 없는 집은 무언가 적막함이 느껴지게 된다.

요즘 인스턴트 밥들은 갓 지은 밥보다 더욱 잘 만들어졌다. 그러나 인스턴트 밥에서 나오는 기운은 생명의 기운이라 볼 수 없다. 밥하는 소리를 내며 밥을 하는 기운과는 비교조차 할 수 없는 것이다.

반찬이나 음식은 사다 먹어도 상관없다. 하지만 밥만은 꼭 해먹어야 건강과 좋은 에너지를 얻을 수 있는 것이다. 밥을 열심히 하여 가족들을 위해 식사를 차려주고 가족들은 그 밥을 맛있게 먹는다. 그 집은 이미 좋은 기운이 맴돌고 있을 것이다. 하지만 언제나 인스턴트 음식이나 배달 음식만을 추구한다면 결국은 건강에 이상이 생기거나 혹은 무언가 서서히 운의 막힘이 오게 된다. 거기에 집까지 지저분하다면 말할 것도 없다.

요즘은 1인 가구도 많으며 많은 가족들이 북적이며 사는 것도 흔치 않다. 현대인들은 바쁘고, 밥을 하는 시간은 낭비인 듯하다. 그러나 내 건강과 나의 운을 위해서, 내가 사랑하는 가족들을 위해서 밥하는 소리로 집의 생기 에너지를 채운다면 분명 운의 상승효과가 있다.

면이나 빵이 주식인 경우도 있지만 아직 우리나라는 쌀 문화가 주를 이루므로 밥을 하는 것이 살아있는 소리이다.

✦웃으면 복이 와요

웃으면 복이 올까?

웃는다는 것은 표정을 밝고 경쾌하게 만들어준다. 사람이 웃게 되면 우선은 눈이 반달처럼 감기면서 스스로의 눈의 빛을 숨길 수 있다. 눈이란 마음의 창으로서 동그란 눈보다는 긴 눈을 가진 사람이 자신의 속마음을 들키지 않으니, 사람을 대할 때 유리한 위치에 설 수가 있다. 또한 계속해서 웃게 되면 눈빛이 물기를 머금게 되니 도화살을 품은 듯 촉촉한 눈빛으로 이성을 유혹할 수 있는 능력이 생긴다.

계속해서 웃게 된다면 코의 평수가 넓어지게 되니 코가 옆으로 커지는 현상이 생기게 된다. 코는 재물을 뜻하는데 코의 평수가 넓어지니 재물복도 올라간다. 코와 더불어 광대까지 승천을 하게 되는 현상이 일어난다. 코를 나 자신으로 본다면 광대는 주변의 환경이나 사람으로 볼 수 있다. 나에게는 자신감이 생기고, 주변 사람들의 도움을 받을 수 있는 상으로 변화하는 것이다.

또한 입꼬리가 올라가게 되니 식복까지 더불어 생기게 된다. 입꼬리만 올라가는 것이 아니라 턱까지 두툼해지는 현상이 일어난다. 턱이 두툼해진다는 것은 재물을 지킬 힘이 강해지고 아랫사람의 도움을 받을 수 있음이니 인덕과 재물복이 함께 상승하게 된다.

관상은 십이궁이란 것이 존재한다. 십이궁 중 가장 중요히 보는 곳을 명궁이라 칭하며 눈썹과 눈썹 사이 미간이라 볼 수 있다. 이러한 미간이 찌그러지고 흉이 있거나 색이 좋지 않은 경우는 모든 운을 받아들이는 힘이 없다고 볼 수 있다. 하지만 웃게 된다면 그러한 명궁 또한 넓어지고 두툼해지니 충분히 모든 운을 소화시킨다. 그와 반대로 계속해서 인상만을 쓰고 다닌다면 미간은 찌그러지고 볼품이 없어지니 복과 운은 이미 내 것이 아닌 것이다.

"웃으면?"

"복이 온다."

✦ 코는 재물의 창고다

관상학적으로 코는 재백궁이라 칭하며 재물을 살피는 곳이다. 그리하여 코가 어느 정도 두툼하여 복스럽게 생긴 것을 귀히 여긴다. 코의 살집이나 크기는 그 사람의 지갑 크기라 볼 수 있기도 하다. 코가 얼굴에 비하여 매우 작고 살집 또한 없다면 평생을 작은 돈만을 만지며 살아간다. 적당히 복스러운 코를 가진 경우는 큰 재물을 만지고 살아갈 수 있음을 뜻하기도 한다. 하지만 너무 큰 코는 도둑에게 내 재물을 노출시키는 꼴이 되니 코가 크다고 좋은 것만은 또 아닐 것이다.

코는 재물의 창고다. 그리하여 창고 문을 잘 지키는 것이 필요하며, 코를 재물 다루듯 소중히 다뤄야 한다.

지인 중에 시도때도 없이 검지손가락으로 코를 비비는 사람이 있다. 코를 비비게 되면 코까지 사정없이 같이 흔들린다. 돈 나가는 짓거리라며 볼 때마다 잔소리를 하였다. 하지만 습관이라는 것이 웬만해서는 고쳐지지 않는다. 아직도 볼 때마다 코를 비비고 다닌다. 사주도 운도 그다지 나쁘지 않은데 돈 때문에 계속해서 힘들게 살아간다.

이유는 사주가 아니었다. 코를 비비는 행동에서 재물이 쏟아져 나가는 것이었다.

콧물이 나오면 풀면 되는데, 계속해서 훌쩍거리는 사람들도 보게 된다. 그것 또한 재물복을 하락시키는 요인이다. 혹은 코를 계속해서 만지는 사람들도 있으며 성인이 돼서도 시도때도 없이, 부끄럼 없이 코를 파는 사람들도 있다. 혹은 멋을 부린다고 코에다 구멍을 뚫기도 하며 심지어 소처럼 피어싱을 하고 다니는 사람들도 있다.

"내 재물이 여기 있으니 모두 가지고 가시오~!"

창고 문을 활짝 열어놓는 꼴이 된다. 벌어도 벌어도 끝이 없고 무언가 밑빠진 독에 물을 붓는 느낌이 든다. 본인만 자신의 창고 문이 열린 것을 인지하지 못하니 돈이 줄줄 새는 이유도 모른 채 도둑에게 금고로 길을 안내하고 있는 꼴이다.

"코를 제발 그냥 내버려 두시오."

✦ 반드시 고치세요

집에서 물을 가장 많이 사용하는 곳은 부엌과 화장실이다. 풍수학적으로 물은 재물을 의미한다. 재물운을 담당하는 곳 또한 물과 관련된 부엌과 화장실이라 보기도 한다. 그리하여 집 어딘가에서 물이 새고 있다면 재물이 새어나가고 있음을 알 수 있다. 그러므로 귀찮더라도 반드시 물과 관련된 곳이 조금이라도 망가진 듯 보인다면 깨끗하게 고쳐놓는 것이 재물을 안전하게 지키는 개운법이며, 비방이라 볼 수 있는 것이다.

✦ 반드시 치우세요

집에 들어가기 위한 현관은 집 밖으로 나오기 위한 공간도 된다. 즉, 집의 안과 밖을 이어주는 공간으로 현관은 집 안의 에너지뿐 아니라 집 밖의 에너지와도 관련이 깊은 곳이다. 그러한 현관에 절대로 두지 말아야 할 것이 있으니 모든 바퀴 달린 것이며 이는 역마살의 기운이라 볼 수 있을 것이다. 역마의 살기를 가진 물건을 현관에 두게 된다면 집 밖에서 부딪히고 깨지는 사고가 자주 일어나며 교통사고로 인하여 크게 다치는 일이 생길 수 있으니 반드시 현관 혹은 현관 앞에서 바퀴 달린 것들을 치워야 한다.

✦ 인생의 발전 시기

누구나 인생에서 길과 흉의 순환을 벗어날 수 없다.

평생의 길운도 없으며 평생의 흉운도 없는 것이다. 음이 극에 달하면 양이 되고 양이 극에 달하면 음이 되는 이치이다. 사람은 인생에서 길한 시절에 왔을 때 자만과 오만함을 가지게 된다. 자신감이 부끄러울 만큼 강해지며 스스로에 대한 겸손함은 찾기 힘들다. 그러나 길함이 극에 달한다면 반드시 흉함으로 흐르게 되니 이루어놓았던 것이 갑자기 하나둘씩 무너지기 시작하며 수습하기 힘든 상황으로 흐르게 된다.

인생에서 흉의 시기에 다다른 것이다. 이 시기에 사람은 고통으로 하루하루를 힘겹게 살아간다. 죽음에 대해 진지하게 생각하는 시기이며 인생이 무엇인지 생각한다. 겨우 숨만 쉴 수 정도로 생존 활동이 정지되어 있으니 사람이 할 수 있는 것은 생각하는 것밖에 없는 것이다.

바로 이 시기에 사람은 공부라는 것을 하게 된다.

무엇이 잘못되었는지 반성하고 후회하며 다시금 앞으로 나가기 위해 자기발전을 하게 되는 시기이다. 그리고 생각을 하고 공부를 하면서 서서히 흉함에서 벗어나게 된다.

그 후 다시금 길함이 오게 되며 이전보다 성숙한 자세로 세상을 살아간다. 하지만 길함이 극에 달하면 또다시 흉함으로 흐르게 되니 길흉의 순환은 멈추지 않는다. 멈추지 않는 사이클 안에서 사람 또한 계속해서 발전하며 살아가게 되는 것이다.

몇 번의 순환을 거치고 나면 그것을 태연하게 받아들이게 되며, 되레 그 시기를 이용할 수 있는 여유가 생기게 된다.

만약 흉함의 시기에 왔을 때 살기 싫다는 생각만을 하며 부정적 시간을 보내게 된다면, 길함의 시기가 왔을 때도 똑같은 삶이 반복될 뿐인 것이다.

✦ 인생의 중간 결과

인생의 결과를 어느 정도 알 수 있는 나이는 중년 이후이다. 중년 이후의 내 모습이 나의 모습이며 그 전의 나의 모습은 결과로 가는 과정일 뿐이다. 가을이 돼서야 열매가 무르익는 것처럼 인생 또한 중년이란 가을에 다다라서야 내가 단맛이 나는 인생인지, 맛없는 인생인지를 판가름할 수 있는 것이다. 그러나 중년이란 나이로 가기 전에도 인생의 결과를 틈틈이 엿볼 수 있으니 그것은 내가 과거로부터 살아온 나 자체라 볼 수 있다.

처음에 결과를 얻는 나이는 22살이다. 태어나서부터 인생을 살아온 나의 모습이 고스란히 담긴 나이다.

그 다음 결과를 얻는 나이는 31살이다. 이십 대 시절을 허투루 살아온 사람은 현재도 허투루 살고 있을 것이며, 이십 대를 치열하고 열정적으로 살아온 사람은 자신의 재능을 발견하고 이루려고 노력하는 시기이다. 간혹 어느 정도의 위치까지 올라갈 수 있기도 한 나이라 볼 수 있다. 이 시기가 중요한 것은, 어른으로 성장하는 사람과 평생을 아이로 살아가는 사람이 갈리는 시기로 이 시기를 잘못 보내는 사람은 남은 인생까지 허투루 보낼 수 있기 때문이다.

완전한 나로 무르익기 전 마지막 중간점검의 시간은 마흔 살이라는 나이이다.

인생의 중간점검이란 운이 좋고 안 좋고와는 전혀 무관하다. 운이 좋지 않더라도 내가 계속해서 발전하고 있다면 성공한 인생이며, 운이 좋더라도 나 자체가 발전하지 못하고 쳇바퀴 도는 인생을 살고 있다면 앞으로의 미래 또한 똑같은 인생이 반복될 뿐이다.

마흔 살까지 수동적으로 살고 있다면 앞으로도 수동적 인생이 될 것이며, 힘들고 고단한 삶을 살았더라도 조금씩 발전하고 있다면 중년의 당신이라는 열매는 반드시 달고 맛있는 인생을 살고 있을 것이다.

✦아름다운 나의 인생,
첫걸음을 위해

누구나 행복한 인생을 살고 싶어한다. 누구나 성공한 인생을 살고 싶어한다. 그토록 누구나 원하는 행복하고 성공한 인생의 출발선은 어디일까?

대다수가 알면서도 모르기도 하는 비밀스러운 출발선은 내 마음에서 시작한다. 내 마음이라는 곳이 행복과 성공을 받아들일 준비를 해야만 아름다운 인생의 첫걸음이 시작되는 것이다.

어른이 되었다고 해도, 아니, 머리가 희끗희끗한 노인이 되었다고 해도 내 마음이 열려있지 않다면 아름다운 인생의 첫걸음도 떼지 못한다.

아름다운 인생을 위해서는 나 자신에 대한 믿음이 있어야 하며 나 자신을 사랑해야 하고 용기를 가져야 한다. 그러나 나 자신을 믿지 못하고 사랑하지 못하면 아름다운 인생이란 남의 이야기일 뿐이다.

'어떻게 나를 사랑해야 하지?'

'어떻게 나 자신을 믿어야 하지?'

'어떻게 용기라는 것을 갖는 거지?'

그것은 단 한 가지, 자존감이다. 나 자신을 사랑하는 마음이며 나 자신에 대한 신념이고 의지이다. 하지만 사람들은 어릴 적부터 알게 모르게 자존감을 짓밟히며 살아온다. 그것은 가장 가까운 부모의 경우가 많으며 형제자매일 수도 있고, 동료 혹은 친구일 수도 있다.

'넌 할 수 없어.'

'넌 항상 그런 식이야.'

'너 같은 게 무엇을 할 수 있니?'

어릴 적부터 이유도 없이 혼이 나고 이유도 없이 폭력을 당하며 자기 자신의 자아를 빼앗기게 된다. 성장해야 하는 자아는 그렇게 어둠 깊은 곳으로 숨어들어가 나오지 못한다.

그리고 그렇게 어른이 된 사람은 자존감을 갉아먹는 성장환경으로 인하여 그것이 내가 살아야 하는 환경이라 무의식의 착각을 일으켜 또다시 그러한 이성을 만나고 그러한 배우자를 만나 평생 나 자신을 사랑하지 못한 채 다른 사람들의 자존심을 위해 계속 짓밟히며 살아가게 되는 것이다.

그러다 보면 평생 나를 사랑하지 못한 내 인생의 단막극은 막을 내린다.

내 아름다운 인생의 첫걸음을 위해서, 내 영혼을 짓밟는 그들과의 인연은 더 이상 유지할 이유가 없다.

내가 나를 사랑하기 시작할 때 새로운 문이 열리고 새로운 눈을 뜨게 되며 새로운 세상이 나타난다.

아름다운 인생은 내 것이라는 것을 알게 되며 행복을 경험하고 성공을 향해 힘차게 걸어가는 나를 발견한다.

나를 사랑하지 못하는 사람은 그 무엇도 가질 수 없다. 나 자신을 사랑하는 것, 그것이 아름다운 인생의 첫걸음이다.

✦ 내가 있어야 하는 곳

풍수 인테리어에서 가장 기본적으로 다루는 것은 물건이 있는 장소이다. 동서남북의 방향을 떠나 있어야 할 곳에 반드시 그 물건이 있는 것이 기본적으로 갖추어야 할 인테리어라 할 수 있다.

주방에는 그릇이 있는 것이 기본이고 신발장에는 신발들이 있어야 한다. 욕실에서는 몸을 청결히 해야 하며 싱크대에서는 설거지를 하는 것이다. 안방에는 부부가 있어야 하며 아이 방은 아이가 사용한다.

만약 주방에 신발이 진열되어 있고 신발장에 그릇이 있으며 욕실에서 설거지를 하고 씽크대에서 세안을 하며 안방은 아이가 차지하고 아이 방을 부부가 사용한다면 그 집은 불안정 그 자체로 결코 아무것도 되는 일이 없을 것이다.

물건이라는 것은 그것을 사용할 때 그 가치가 올라간다.

아무리 값비싸게 구입한 물건이라도 그 물건을 사용하지 않는다면 그 물건은 빛이 바래고 점점 기억 속에서 잊혀져간다. 그것을 사용하기 위해서 가장 먼저 해야 할 일은 제자리를 찾아주는 일이다.

물건은 어떤 것이든 제자리에 있을 때 안정을 취하고, 누군가 자신을 필요로 할 때 시간과 공간의 조화로 자신의 사명을 다하게 된다.

사람도 이와 전혀 다르지 않다. 내가 반드시 있어야 하는 곳에 있어야만 내가 태어난 이유를 알게 되며, 내가 살아가야 하는 목적을 갖게 되고, 자신의 삶을 살아가게 된다.

아무리 대단한 사람이라도 시공간이 불일치하는 삶을 살아간다면 무엇에도 쓰이지 못하고 영혼이 점점 빛을 잃게 된다.

과연 내가 있어야 하는 곳을 어떻게 찾아야 할까? 우선은 편안한 곳에서 영혼의 편안함을 찾아야 한다. 그러기 위해서는 내가 있는 집이 편안해야 한다. 집의 작은 물건들이라도 그것을 소중히 다뤄야 하며, 모든 것을 알차게 사용해야 한다. 본인은 그것을 너무 아끼는 나머지 사용하지 않을 수도 있지만, 그 물건의 입장에서는 전혀 쓰임을 받지 못하니 물건에 음의 기운이 깃들고 빛을 잃게 된다.

물건들이 있어야 할 자리에 물건이 있고, 그것을 하나하나 소중하게 사용한다면 집은 물건들의 좋은 에너지를 받아 편안함을 찾게 되는 것이다.

그렇게 편안한 집에서 무엇이 편한 것인지 나의 영혼은 학습한다.

학습된 영혼이 불편한 곳에 가게 된다면 영혼의 불안한 감정이 나를 파고든다. 그리하여 사람을 만날 때도 편안함과 불편함을 스스로가 느낄 수 있는 것이다. 하지만 불안한 집에서 살아가게 된다면 편안함이 무엇인지 영혼조차 알 수 없으니 내가 있어야 하는 곳이 어딘지 알 길이 없어 전혀 다른 방향으로 스스로를 이끌게 되어 평생을 떠돌아다니는 삶으로 살아가게 되는 것이다.

✦ 내 인생의 귀인

돈 많고 성공한 사람이 나에게 다가와서 나의 인생을 구제해주길 기다린다. 그러나 그런 일은 결코 일어나지 않는다. 하지만 사람들은 언젠가 내 인생에 귀인이 나타날 거라 믿으며 기다리고 또 기다린다.

생각이 깨어있는 사람들의 경우는 귀인이 내 앞에 나타나 내 인생을 이끌어줄 거라는 생각은 시간낭비인 것을 알고 있다. 귀인을 기다리는 것은 망상이라는 것을 알고 있는 것이다. 다만 성공한 사람들을 멘토로 생각하며 그들을 귀인이라 생각하고 그들의 생각과 행동을 배우며 내 것으로 만든다.

결국 귀인은 드라마나 소설 속에서 만들어진 허상일 뿐 존재하지 않는 상상 속의 인물이다. 하지만 사람들은 계속해서 귀인이 나타나기만을 바라며 망상 속에서 살아간다.

그러나 귀인은 존재하고 있으니… 다만 내가 귀인을 보지 못했을 뿐이다. 나를 구원해 줄 수 있는 단 한 사람, 그 사람이 내 인생의 귀인이며, 그들을 우리는 '나'라고 부른다.

"신은 나에게 나 자신을 맡겼다." - 에픽테토스 -

✦ 귀인은 언제 나타날까

사회적 지위가 높거나 재물이 넉넉한 사람이 내 앞에 나타나 나를 구제해주길 기다린다. 돈을 빌려주고 사업자금을 대주는 사람, 나의 능력을 알아주고 앞날을 열어주는 사람, 남녀관계에서도 덕을 보는 관계, 이들을 흔히 귀인이라 알고 있다. 사람들은 그런 귀인을 기다리며 드라마틱한 인생 변화를 꿈꾸면서 귀인이 나타날 시기를 알고자 점집의 문을 두들긴다.

사람과 사람의 관계는 에너지의 교환과 순환이다. 에너지가 맞지 않는 사람들의 경우는 에너지끼리의 충돌이 있다거나 서로의 에너지가 교류되지 못한 채 겉도는 관계가 될 수 있는 것이다.

에너지가 순환되지 않는다는 것은 서로의 마음 또한 교류되지 않는 것이니 깊은 관계로 발전하기도 어렵다. 즉, 흉한 에너지를 가지고 있는 내가 길한 에너지를 가진 귀인을 만나기도 어렵지만, 만난다고 해도 그저 스쳐 지나가는 인연일 뿐 나와의 에너지 교환은 되지 않으니 그 덕을 받을 수 없을뿐더러 귀인은 나를 그저 내 앞에 있는 사람 그 이상도, 이하로도 생각하지 않는다.

가끔 평범해 보이는 사람이 누군가의 덕으로 성공을 하고 결혼으로 신분 상승을 하는 경우도 생긴다. 그러나 그 평범해 보이는 사람은 결국 에너지가 평범하지 않았으며 귀인과의 에너지 교류가 충분히 이루어질 만큼 자신을 귀한 사람, 발전 가능한 사람으로 만들기 위해 공부하고 노력했던 것이다.

아무것도 하지 않은 채 흉한 에너지를 가지고 귀인을 기다리게 된다면 귀인을 가장한 나와 동급의 에너지를 가진 사람과의 만남이 있을 뿐이다. 아무것도 하지 않는 나와 귀인은 절대로 에너지 교환을 하지 않는다.

"귀인은 언제 나타나는가?"

"내가 귀한 에너지를 가진 귀인이 될 때 나타난다."

✦ 인연법

불가에서는 옷깃만 스쳐도 인연이라 말을 한다. 사람들의 주요 관심사 중 하나는 내가 과연 언제 귀인을 만날 것인가이다. 물론 귀인을 만나는 인연이 있으며 악연을 만날 인연도 있고 귀인을 만날 시기가 있는가 하면 악연을 만날 시기도 정해져 있다.

문제는 사람들이 크나큰 착각을 하고 있다는 것이다. 사회적으로 성공하고 돈 많은 사람이 귀인이라고 항시 생각하는 것이 잘못된 착각 중 하나이다. 그런 사람이 내 앞에 떡하니 나타나 나에게 경제적으로 도움을 주며 나를 이끌어줄 것이라는 망상에 항상 빠져있으니 인생을 살아가면서 제대로 된 귀인을 만날 수가 없는 것이다.

어리석음에 귀인을 알아보지 못하며 결국은 평생을 돈 많고 성공한 사람만이 귀인이라고 그 뒤를 쫓다가 인생의 귀인을 한번도 만나지 못한 채 결국은 모든 귀인을 스쳐 지나가 버린다.

귀인이란 지나가는 걸인이 되기도 하며 내 옆에 있는 친구가 될 수도 있고 살면서 단 한번 마주친 모르는 이가 되기도 한다. 그 사람의 말 한 마디, 행동 하나가 무언가 깨달음을 주고 세상의 이치에 눈을 뜨게 해주며, 나의 잠재되었던 능력을 건드려주거나, 무언가 답답한 가슴에 길을 터주는 사람이 귀인이라 볼 수 있는 것이다.

결국은 귀인이란 모든 사람이 바라는 조건, 즉 돈 많고 성공한 사람이 아니라 내 안에 있는 지혜를 깨닫게 해주는 사람인 것이다.

비록 스쳐 지나가는 남루한 차림의 사람이라도 그 사람의 말을 헛으로 흘려듣지 않는 지혜가 필요하다. 성공하고 돈 많은 사람들의 말만이 지혜를 준다는 것은 크나큰 착각이며 어리석음이다.

3

사
랑

✦ 최고의 개운법

음은 양을 원하며 양은 음을 원한다. 최고의 개운법은 남녀 간의 결합이라 볼 수 있다. 그러므로 결혼은 하지 않더라도 연애는 하고 사는 것이 아름답고 행복한 인생을 만들어준다.

그러나 모든 것이 다 좋을 수 없는 듯 남녀 간의 결합에는 위험이 항상 도사리고 있다. 남자를 보는 눈, 여자를 보는 눈이 없고 운이 좋지 않을 때는 악연과의 인연을 만날 수 있음을 염두에 둬야 한다. 인연이란 보이지 않는 끈으로 서로가 복잡하게 얽혀있으니 악연을 만나는 것 또한 그리 이상하지 않은 것이 인간 인연이다.

악연을 만나게 된다면 첫 번째는 당연히 서로가 되는 일이 없으며, 두 번째는 몸이 아프거나 다치는 일이 생기며, 세 번째는 상대방과 내 집안 사람들까지 되는 일이 없고 건강이 하락하며, 네 번째로 극단적 상황까지 일어나기도 한다.

✦ 반드시
이별을 해야 하는 징조

남녀관계에는 결혼까지 가지 않더라도 길한 인연이 있으며, 결혼이 성사되더라도 불길한 인연이 있다. 길한 인연의 경우는 어쩔 수 없이 이별을 했어도 만남에 있어서 서로가 정신적으로든, 사회적으로든 앞으로 나아갈 수 있게 도움을 주게 되며 계속해서 내가 발전할 수 있는 방향으로 나를 이끌어주게 된다. 하지만 악연의 경우는 내 인생을 후진으로만 잡아끌게 된다. 내 주위의 인간관계가 꼬이게 되며 발전은커녕 현상유지도 힘든 인생, 허우적거리며 살아가는 인생이 되고 만다.

우리는 많은 사람과 부딪히고 만나며 살아간다. 그런 중 흉한 인연도 만날 수밖에 없는 것이 인생사이다. 하지만 그런 인연을 만날 때 반드시 징조를 받으니, 그 징조를 무시한다면 인생이 나락으로 떨어질 수도 있음을 반드시 알아야 한다.

가장 강력하게 오는 징조는 건강에 이상이 오는 것이다. 건강하던 사람이 없던 병이 생길 수 있으며 교통사고나 추락사고 등 어이없는 사고가 생기기도 한다. 하지만 사람은 몸이 약할 때 연인에게 기대고 싶은 마음이 더 커지니 둘의 사랑은 더욱 뜨거워진다.

그러나 징조를 알아차리지 못하고 둘만의 사랑에 미쳐 돌아갈 때 가족의 건강까지 위협받는 상황이 생긴다. 특히 부모님의 건강에 이상이 생기게 되며 그것 또한 알아차리지 못할 때는 집안의 경제상황이 무너지게 된다.

하지만 그 둘은 사랑으로 모든 것을 극복하고 결혼을 하게 된다. 앞날이 캄캄하다. 그런 중 아이까지 생긴다면 아이의 인생 또한 불길할 수밖에 없는 것이다.

신은 인간의 인생에 잘 관여하지 않지만 최악의 상황에는 반드시 징조를 주게 되니 특히 남녀관계의 악연이 만날 때이다.

신이 나를 구원하고자 하는 징조를 반드시 알아차려야 한다.

✦ 여자가 남자를
잘못 만나면

우리나라 여자들이 살해되는 이유의 80%는 본인이 선택한 남자에 의해서다. 즉, 남자를 잘못 만나면 여자는 그 남자로 인해 죽는다.

본인만 죽는다면 그래도 상관없지만 자식까지 죽는 상황이 발생한다. 현명한 어머니라면 자식에게 무차별한 폭력을 행사하는 남자와 어떠한 방법을 써서라도 초반에 이혼을 선택한다. 그러나 여자들은 먹고 살 걱정에, 용기가 나지 않아서, 아이를 때리는 남편의 폭력이 그저 아이에 대한 훈계라고 스스로 합리화하며, 울고 불며 팔자타령을 하고 아이와 함께 폭력을 견디며 살아가게 된다.

아이를 붙잡고 너 때문에 이혼하지 못하고 살고 있음을 세뇌시키면 아이는 죄책감을 안고 성장하게 된다. 그러나 어머니라는 사람은 아이가 성인이 되어서도 절대로 아버지와 이혼하지 않는다.

즉, 남자를 잘못 만나면 내 아이의 인생은 지옥이 되는 것이다.

이혼은 사랑의 실수이지 인생의 실패는 아니다. 하지만 맞아죽는 것은 인생의 실패이다. 그러므로 애초에 폭력 성향의 남자를 만나지 않는 것이 첫 번째이며, 모르고 결혼을 했다면 초반에 이혼을 하는 것이 두 번째이다. 폭력이 오래되고 시간이 길어질수록 이별하지 못하게 되며 결국은 죽음으로 인연이 끝나게 된다.

우리나라에는 살인자의 사주를 가진 이들이 수두룩하다. 처자식을 죽도록 때리는 인간들은 모두 살인자의 사주이다. 다만 처자식이 운 좋게 살아남은 것뿐이다. 즉, 처자식이 운이 좋으면 가정폭력범이며, 운이 나쁘다면 살인자가 되는 것이다.

✦ 답 없는 여자

사주에서 정신병과 관련된 기운은 칠살이라 보고 있다. 그러한 칠살은 여자의 사주에서 남자를 뜻하기도 한다. 그리하여 남자에 미친 여자는 정신병과 같다고 볼 수 있으며 절대로 답이 나오지 않는다.

여자가 남자에 미쳐있을 때는 제정신이 아니다. 질투에 눈이 멀어 자기 딸자식까지 죽이는 일이 생기니 가까운 친구나 동료들은 눈에 뵈지도 않는다. 오로지 인생은 남자와 나로 인해 돌아가며 귀신에 씌어버린 것과 같은 상태이다. 귀신병은 굿이라도 하고 도움을 받을 수 있지만 남자병은 스스로가 정신병이라 생각하지 않으니 평생을 미쳐있는 상태로 세상을 살아가게 된다.

여자가 살인을 저지르는 가장 큰 이유는 질투에 눈이 먼 경우가 대부분이며 남자에게 미쳐있는 상태이다. 그러므로 남자에게 미쳐있는 여자는 가족이라도, 친한 친구라도, 자신의 엄마라고 하더라도 가장 먼저 손절해야 하는 인간이다.

고전 사주에서는 결혼하지 못한 여자의 사주를 흉한 사주로 보고 있다. 하지만 현대적 시점에서 바라본다면 결혼하지 않는 여자를 승리자로 볼 수 있으며 나를 극하는 칠살에서 벗어나니 제정신을 가지고 살아가는 맑은 정신의 여성이라 볼 수 있을 것이다.

여자가 남자라는 칠살에 갇히게 된다면 생각이 짧아지고 마음이 어두워지는 일이 자주 발생하지만, 칠살이 없다면 마음이 긍정적이고 성품 또한 부드러워지니 노처녀 히스테리는 사람들이 만들어낸 개풀 뜯어먹는 소리라 볼 수 있을 것이다.

여성이 결혼을 하게 되면 행복하다, 인생이 아름답다 말하고 다니지만 그 내면에는 간간이 어둠이 생기게 되니, 그것은 모두 칠살의 흉폭함에서 오는 정신적 어지러움이라 볼 수 있다.

그러므로 자신이 결혼할 생각이 없다면 굳이 사회의 시선 따위에 눈치를 보며 결혼할 필요는 없는 것이다.

✦ 궁합이 안 좋을 때 개운법

좋은 궁합은 서로의 부족한 부분을 채워주며 흉한 기운을 덜어주는 궁합이다. 그와 반대로 흉한 기운은 더욱 강해지며 좋은 기운마저 사라지게 만드는 궁합은 좋지 않은 궁합이라 볼 수 있다.

궁합이 좋은 경우 기의 순환이 아름답다. 모든 것이 막힘없이 흘러가며 서로가 좋은 기운을 주고받는다. 반대로 궁합이 흉한 경우 기의 순환이 막혀있는 모습이다. 소화불량에 걸린 듯 무엇을 해도 풀리지 않는다. 그러나 남녀 사이라는 것이 궁합이 안 좋다고 쉽게 이별을 할 수도 없으니 환장할 노릇이다. 그러므로 최대한 개운법을 사용하는 것이 현명하다.

1. 최대한 만나지 않는 방법이다.
2. 특별한 날을 앞두고는 절대 만나지 않는다.
3. 몸이 아플 때는 만나지 않는다.
4. 만약 결혼을 하게 된다면 각자만의 공간을 가지고 생활한다.
5. 주말부부가 이로울 따름이다.

✦궁합이 좋은 경우

흔히들 결혼생활은 지지고 볶고 싸우며 정들면서 살아가는 삶이라 이야기한다. 대부분의 부부들도 그리 살고 있으니 당연히 그렇게 사는 줄 알고 받아들인다. 그러나 궁합이 좋은 경우는 지지고 볶으며 사는 일은 일어나지 않는다.

즉, 궁합이 좋지 않은 경우 다툼이 끊이지 않으며 가정에 사건사고가 많이 발생하는 것이다. 결론적으로 대부분의 사람들이 궁합이 그다지 좋지 않음을 알 수 있다.

궁합이 좋은 경우는 삶이 매우 무난하다. 재물로도 궁핍하지 않으며 아이들도 무난하게 성장하며 양가 집안 가족들과도 큰 문제가 없이 살아가니, 부부가 다투는 일 없이 살아가는 것이다. 조금은 재미없어 보이는 부부관계이지만 그들에게는 강한 행복 호르몬 세로토닌이 항상 분비된다. 심적으로 안정된 상태가 계속되니 당연히 아이들도 정신적으로 건강하게 성장한다. 궁합이 좋은 경우 의외로 육체적으로 서로를 탐하는 일이 많지는 않다. 적당한 부부관계, 적당한 거리를 유지하면서 서로를 존중하는 삶을 살아가는 것이다.

그와 반대로 궁합이 안 좋은 경우 양가 집안으로 인하여 항상 시끄러운 일이 많아지며 아이들도 불안정한 상태가 계속되니 집안 문제로 다툼이 끊이질 않는다. 또한 경제적으로 궁핍해지기도 하며 재물이 들어온다고 해도 오래 유지되지 않는 것이다. 다른 건 다 맞지 않는데 속궁합 때문에 살아가는 부부들의 경우도 많이 있다. 즉, 지지고 볶으며 살아간다는 것은 궁합이 안 좋다는 것이다.

　사람이란 언제나 인연과 만남의 연속이다. 그러한 인연 속에서 궁합이 좋은 배우자를 만난다는 것은 천복이나 다름없다. 부부들의 경우 비슷한 외모, 비슷한 성향을 가진 사람끼리 만나는 경우가 많은 편이다.

　즉, 좋은 사람이 좋은 사람을 만나는 것이다.

　좋은 사람을 찾기 전에 내가 먼저 좋은 사람이 되어야 한다. 그 후에 좋은 인연이 찾아오는 것이다.

✦ 결혼

　인생이란 언제나 먹고사는 문제가 우선이다. 산다는 것 자체가 먹고사는 문제이기도 하다.

　결혼은 두 사람의 결합이다. 즉, 둘이 먹고사는 문제를 해결하며 살아가는 것이다. 아이가 생긴다면 아이와 함께 먹고사는 것이며, 서로가 먹고살게 해주는 것이 가정이다.

　그냥 평생을 먹고사는 문제로 고민하고 사는 것이 인생이며, 결혼을 했다는 것은 둘이 같이 고민한다는 것이다.

　둘은 하나의 가정을 이뤘으므로, 서로가 서로를 먹여살려야 한다. 한 명이 중병에 걸린다거나 일이 풀리지 않는다면 또 다른 한 명이 돈을 벌어 먹고살면 되는 것이다. 일이 수월하게 풀리지 않는다고 사람을 버린다거나 인간 취급을 하지 않는 것은 사람에 대한 배신이다.

　그러나 요즘의 사람들은 덕을 보려고 결혼을 하고 있으므로, 먹고사는 문제를 해결하지 못하는 배우자를 쓰레기 버리듯 분리

해버린다.

결혼하기 전, 서로가 서로를 먹여살리겠다는 마음으로 결혼을 한다면 누구와 결혼을 하더라도 손해보는 것이라는 생각은 들지 않는다.

궁합이 좋다는 것은 먹고사는 문제가 수월하다는 뜻도 된다. 한 명이 힘들다면 다른 한 명이 돈을 벌면 되는 것이며, 서로가 서로를 안타까워하며 서로를 챙겨주는 것이 길한 궁합이다.

궁합이 좋다고 해서 크게 부를 이룬다거나 미친 듯이 사랑의 열정을 불태운다는 것은 환상 속에서 찾아야 한다. 서로를 먹여살릴 마음만 있다면 누구와 결혼을 해도 무난할 것이며, 서로가 덕을 보자고 결혼을 한다면 누구와 결혼을 해도 손해보는 마음일 것이다.

✦ 더치페이 강요하는 남자

"사랑은~ 쟁취하는 거야~!"

남자에게 여자는 '재성'으로서 내가 쟁취할 수 있는 인자이다. 그와 반대로, 여자에게 남자는 '관성'으로서 내가 쟁취당하는 기운이다. 그러므로 사랑을 쟁취하기 위해서는 남자의 열정과 열망이 필요하며, 이것은 인간의 역사로 보나 생물학적으로 보나 운명학으로 살펴보나 매우 당연한 일이기도 하다.

남자는 여자를 쟁취함으로써 승리감과 정복감을 만끽한다. 나에게 성취감을 안겨줄 여자를 쟁취하기 위해 가장 필요한 것은 힘과 능력이며 그것을 현 시대에는 '재물'이라 부른다. 즉, 여자를 쟁취하기 위해서는 '재물'이 필요하며 남자들이 돈을 버는 이유도 생존을 제외하고는 결국 여자를 소유하고 자신의 우월함을 만끽하기 위해서이다.

그리하여 남자는 돈이 없게 된다면 허세와 허풍으로라도 여자를 유혹하며 결국 어떻게든 여자를 쟁취하려고 노력한다. 그것이 남자의 본능이며 살아가는 목적이기도 하다.

그러나 그러한 본능을 무시한 채 더치페이를 강요한다거나 여자에게 쓰는 돈을 무척 아까워하는 남자들이 있는데 이들은 매우 냉철하며 이성적인 인간으로, 사랑에 빠지지 않았음을 정확히 알 수 있을 것이다.

이들은 그럼에도 불구하고 여자와 결혼을 생각한다. 결혼을 하고도 맞벌이를 강요하며, 육아로 돈을 벌지 못하는 여자를 무시하고, 그저 내가 보호해줘야 하는 여자가 아니라 같이 돈 버는 사람으로 여자를 생각할 뿐이니 여자가 조금이라도 돈을 많이 쓰는 듯하면 얼굴을 붉히며 달려들기도 한다.

결국 연애시절 더치페이를 강요하는 남자는 찌질하며, 결혼 후에도 찌질함은 계속될 것이다.

결혼이란 서로가 서로를 먹여살려주는 것이 당연한 것인데 본인이 여자를 먹여살리는 일이라도 발생한다면 일 년을 못 버티고 이혼서류를 내밀게 된다.

더치페이를 강요한다거나 데이트 통장을 만들자며 매우 합리적으로 이야기하고 심지어 그 통장을 자신이 관리하며 자기 돈처럼 당당하게 돈을 계산한다면 상찌질이라 볼 수 있을 것이다.

✦ 여자는 땅이다

남자는 하늘이며 여자는 땅이다. 남자가 더 위대한 존재라서 하늘인 것이 아니며, 여자가 하찮은 존재라서 땅이라 보는 것도 결코 아니다.

하늘은 변하는 기운이며 움직이는 기운으로 陽(양)의 기운이다. 땅이란 움직이지 않는 기운으로 陰(음)의 기운이다.

땅은 안정된 기운을 타고났기에 만약 지진에 노출된다면 그 땅 위에 사는 인간도 불안정한 삶을 살아갈 수밖에 없다. 땅의 불안정함이 지속되다보면 그 땅에 사는 인간들도 정서적, 정신적 장애를 가지게 될 것이다.

우리가 사는 집 또한 땅의 기운이다. 집이 불안정하다면 그 집에 사는 사람들 또한 불안정한 삶을 살아가게 된다.

집 밖은 아버지가 주도하며, 집 안은 어머니가 주도한다. 어머니는 땅이며 집 그 자체라 볼 수 있다. 어머니가 있는 곳이 집이며 내가 기댈 수 있는 땅이다. 그리하여 어머니가 자신의 위치에서 흔들리지 않고 꿋꿋이 집을 지켜간다면 아버지의 성향과 무관하게 자식들은 온전한 정신과 정서를 가지고 성장한다. 그와 반대로 어머니라는 사람이 항상 불안정한 정신을 가진다면 그 집의 모든 사람들은 모두 어머니의 정신에 전이된 상태로 살아가게 된다. 그리하여 집을 나가는 사람들도 생기게 되며 자식들도 우울감과 산만함, 정신적 문제를 안고 성장하게 되는 것이다.

여자는 결혼과 동시에 한 남자의 땅이며 집이 된다. 그리하여 여자가 불안정한 정서를 보인다면 남자도 덩달아 불안정해진다. 처음에는 여자를 이해하려 하며 여자를 위해 집에도 일찍 들어가기 위해 노력하지만 그 기간이 길어진다면 남자는 결국 집 밖에 있을 때 안정을 얻게 된다.

집 밖이 편한 남자는 또 다른 나만의 집을 찾아 떠나게 된다.

여자는 남자보다 신체적 조건이 열악하다. 그러나 남자보다 정신적 조건은 우월하다. 결혼 후, 한 집안의 집 그 자체가 된 여자는 흔들리지 않아야 한다. 내 집안에 들어온 모든 이를 포용해야 하며 따뜻해야 한다. 그것이 땅으로 태어난 여자의 숙명이다.

✦ 그것이 사랑이다

　모든 인간은 불쌍하다. 가족이 있어도, 주위에 사람이 많아도 언제나 혼자인 것이며 인간은 결국 혼자 태어나서 혼자 죽는 인생이니 어찌 보면 외로운 것이 당연하다. 어차피 혼자서 살아가는 인생이지만 인연이라는 운명으로 인하여 나를 거짓 없이 사랑해주고, 나를 위해 슬퍼해주고 기뻐해주는 인연들도 만나게 된다.

　첫 번째 만나는 인연은 '어머니'라는 존재이며 아무 조건 없이 나를 사랑해준다. 내가 아플 때 그녀들은 세상이 떠나갈 듯한 표정을 하며, 내가 즐거울 때 나보다 더 행복해하는 그녀들은 세상의 모든 어머니이며 우리의 첫사랑이다.

　그 후 우리는 이런저런 인연을 만나고 이별도 하지만, 어머니만큼 나를 사랑해주는 존재를 만나는 사람은 아마 없을 것이다. 혹 그러한 사람을 만난다면 그 사람은 분명 신의 애정을 받고 있는 것이 분명하다.

　어머니들은 자식들을 보면 항상 안타까워하며 애달파한다. 자식들 또한 어머니가 항상 안쓰럽고 미안한 마음에 어머니 생각만 하면 눈물이 고인다.

그것이 사랑이다.

서로가 서로를 불쌍히 여기며, 안타깝고, 내가 대신 아프고 싶고, 내가 대신 힘들고 싶은 그 마음이 사랑이며 내 모든 것을 다 줘도 아깝지 않은 그것이 사랑인 것이다.

그래서 궁합이 안 좋은 남녀, 특히 악연이 만나는 경우 시간이 흐를수록 서로가 계산을 하고 상대방이 아프다고 하면 짜증부터 밀려오며 돈이 없다고 하면서 귀찮아지기 시작한다.

서로를 위해 인연을 끝내는 것이 옳은 방법이다.

계산적인 사랑이란… 없다. 사랑에 계산은 없기 때문이다. 지금 계산을 하고 있다면, 당신은 그를 사랑하는 것이 아니다.

✦ 남자와 여자가 싸우는 이유

나 : 순이야~ 엄마한테 오라냥~

고양이 순이 : ……

나 : 순돌~ 엄마한테 오라냥~

고양이 순돌 : ……

순이와 순돌이는 부르면 오지 않는다. 그래도 난 전혀 화가 나지 않는다. 오지 않음을 알고 있기 때문이다. 그래도 혹시 올까 하는 마음에 오늘도 사랑의 구걸을 하고 있다. 역시 오지 않아도 난 순이와 순돌이를 사랑한다. 만약 내가 순이와 순돌이가 오지 않는다며 분노를 터트린다면 타인의 눈에 나는 '인격장애'일 것이다. 그런데 많은 커플들이, 많은 부부들이 '인격장애'를 가진 사람처럼 행동한다. 나와 그 사람은 다른 존재임을 전혀 알지 못하는 것처럼 행동하고, 분노하며, 혼자서 상처받았다 생각하고 슬퍼한다.

도대체 왜 혼자 슬퍼하고, 혼자서 괴로워하는 것일까? 여러 이유들을 들이밀 수 있지만 결론적으로는 한 가지 이유뿐이다.

상대방에 대한 '기대치'가 높기 때문이다.

'기대치'가 높아지면 높아질수록 혹은 '기대치'가 병적으로 높다면 결코 누군가와 함께 살아갈 수 없음을 알지 못하는 것이다.

언제나 나를 위해 시간을 비워둬야 하고, 언제나 내가 부르면 달려와야 하고, 내가 먹고 싶은 것만을 좋아해야 하고, 근사한 선물을 사줘야 하며, 성격은 자상하고 따뜻해야 하고, 똑똑해야 하고, 능력이 있어야 하며…

만약 내가 기대한 것에서 하나라도 마음에 들지 않는다면 기분이 불쾌해진다. 그리고 사랑이 변했다며 혼자 생각하고 괴로워한다. 본인 스스로 '기대치'가 높다고는 전혀 생각을 하지 못하고 있는 것이다.

본인이 생각한 '기대치'대로 상대방이 움직여주지 않으니 사랑의 핑계로 다툼이 생기게 된다. 결국 그것은 사랑이 아니며 내가 상상으로 만들어낸 기대치의 비즈니스일 뿐이다.

이별을 하는 이유 또한 비즈니스가 내 마음과 달리 흘러가기 때문이다. 사랑은 상대방을 있는 그대로 존중해주는 것이다. 그를 변화시키는 것이 아니라 내가 그를 위해 변하고 싶은 마음이 드는 것이 사랑이다. 내가 무엇을 하나 더 받아낼까 계산기를 두들기는 것이 아니라 그를 위해 무엇이라도 하나를 더 해줄 수 있을까 하는 마음이 사랑이다. 기대치를 낮추고 상대를 있는 그대로 바라봐주는 것이 사랑이며, 생각지도 않은 마음을 받았을 때 세상 누구보다 행복해하는 것이 사랑이다.

✦사랑하는 여자가 없는 남자

남자는 현실적이며 논리적이며 냉정하다. 하지만 유물론적 사고 방식은 세상이 만들어낸 관념에 불과하다. 그리하여 아무리 많은 것을 알고 사회적으로 성공을 했어도 남자의 마음 한 켠에는 항상 구멍이 뚫려있다. 다행히 사랑하는 여자가 있는 남성은 구멍 뚫린 마음을 여자에게 기대어 영혼의 지혜를 충전하며 살아간다.

무지한 옛 남성들은 결혼제도를 만들어 여자를 노예화했으며 여성이 도망가지 못하도록 정조대를 착용하도록 하기도 하고 여성이 자신을 버릴까 두려운 마음에 폭력으로 여자를 자신 옆에 잡아두 곤 했다. 자신의 영혼을 여성에게 기대고 싶어하는 마음을 표현할 줄 모르니 윗세대가 그러한 것처럼, 아버지가 그러한 것처럼 보고 배 운 대로 여자에게 폭력과 폭언으로 사랑을 갈구하며 두려워한다.

하지만 시대가 거듭될수록 지혜로워진 남성들은 여성이 영혼의 안식처임을 알게 되고 사랑을 고급스럽게 표현하기 시작한다.

여성의 영적 에너지는 남성보다 강하게 타고났다. 감각적이며 감 성적이며 마음이 따뜻하다. 영혼의 지혜로 가득하며 관념적 지혜로만 뭉쳐있는 남성의 비어있는 가슴을 사랑으로 어루만져주는 능력이 있다.

남자는 여자가 없이는 살아갈 수 없으며 신이 그렇게 남자를 만들었다. 여자 없이 살아갈 수 없는 남자에게 사랑으로 여자를 존중하도록 했으며 신의 뜻을 바르게 따르는 남자에게는 남자가 원하는 선물이 주어진다. 세상의 성공한 남성 옆에는 항상 따뜻한 여자가 옆에 있었다. 성공을 했음에도 사랑하는 여자가 없는 남성은 실패한 인생이다.

나이가 들어 죽음에 가까워질수록 남성은 신의 뜻을 알게 된다. 그리하여 만약 여성이 먼저 죽음에 들어선다면 세상을 모든 잃은 아픔으로 살아가며 그리 오래 살지 못하고 여성을 따라간다. 그와 반대로 여성은 남성이 먼저 죽음에 들어서게 된다면 자신을 조금 더 사랑하며 편안한 여생을 보내게 된다.

✦좋은 남자 만나게 해주세요!

인간 여자 : 신님 좋은 남자 만나게 해주세요!

신 : 오케이!

인간 여자 : 진짜요?

신 : 당연하지~

인간 여자 : 돈 많은 남자 만나게 해주세요!

신 : 오케이!

인간 여자 : 내친김에 돈도 많은데 똑똑한 남자 만나게 해주세요!

신 : 그래!

인간 여자 : 돈도 많고 똑똑한데 자상한 남자 만나게 해주세요!

신 : 뭐든지~ 오케이!

인간 여자 : 지금 당장요~ 나우!

신 : 노~ 노~ 그건 불가능해

인간 여자 : 신은 소원 들어주는 게 일이잖아요!

신 : 그렇지, 그게 내 일이지! 그러나 이 세상 법도가 '쌍방 교환'이라서 말이지~ 네가 나한테 아무것도 안 주면, 나도 너에게 그 무엇도 줄 수가 없어

인간 여자 : 뭘 원하시는데요?

신 : 너의 노력

신 : 나도 너의 소원을 그냥 들어주고 싶은데 신 법도가 그래. 네가 우선 너 자신을 도와야 나도 널 도울 수가 있어

4

인생

✦ 힘들어 죽겠어요

인간 : 신님, 힘들어 죽겠어요…

신 : 오~ 마이~ 갓~!

인간 : 신님, 돈 없어 죽겠어요…

신 : 오~ 마이~ 갓~!

인간 : 신님, 짜증나 죽겠어요…

신 : 오~ 마이~ 갓~!

신 : 정 원한다면 소원을 들어줘야겠군. 죽을 정도의 상황이 올 만큼 당신은 충분히 노력했어. 하지만 굳이 왜 죽겠다는 게 소원인지 인간들을 전혀 이해하지 못하겠군~

신은 '융통성'이 없다. 있는 그대로 받아들일 뿐이다.

✦ 신과의 대화

인간 : 돈 줘~!

신 : 너도 돈 줘~!

인간 : 돈 줄께~

신 : 너도 돈 줄게~

인간 : 나쁜 놈~

신 : 너도 나쁜 놈~

인간 : 좋은 사람~

신 : 너도 좋은 사람~

인간 : 가난해~

신 : 너도 가난해~

인간 : 부자야~

신 : 너도 부자야~

인간 : 못생겼어~

신 : 너도 못생겼어~

인간 : 사랑해~

신 : 너도 사랑해~

인간과 신의 대화는 나의 마음으로 오고간다. 내가 어떠한 생각을 하는지에 대해 신은 그대로 받아들이고 그에 대한 신의 선물이 나에게 주어진다. 무조건적인 '너도'의 법칙을 신은 사용하고 있으며, 내가 가난하다는 생각을 계속한다면 '너도 가난해'라는 선물을 주게 되고, 나는 할 수 없다는 생각을 한다면 '너도 할 수 없다'라는 선물을 준다.

할 수 있다, 사랑한다, 부자이다 생각을 한다면 무조건 그에 따른

'너도'의 법칙으로 선물을 받게 되니 마음가짐을 긍정적이고 선하게 갖는 것이 나를 사랑하는 일이며, 그것은 오로지 나만이 할 수 있는 일이다.

✦ 일이 안 맞는 것 같아요

일이 당신과 잘 안 맞는 것 같죠?

당신은 정확한 정답을 알고 있는 겁니다. "정답~!"

원래 일은 어떠한 영혼과도 일치하지 않는다. 하지만 아담의 원죄 이후 사람은 노동의 굴레에서 벗어나지 못하는 신세로 전락하고 말았다. 즉, 일이라는 것은 벌을 받고 있는 행위라 볼 수 있으니 맞을 리가 없다.

사람은 육체를 지녔기에 일을 해야 한다. 숨만 쉬어도 돈이니 돈을 벌지 않고서는 육체를 보전하지 못한다. 생각의 에너지가 사람의 감정을 만들게 되므로 노동을 하면서 재밌다, 즐겁다 생각한다면 일을 하는 것이 어느새 행복해진다. 그러므로, 벗어날 수 없으면 즐겨야 한다.

산속에 들어가서 살면 일이 없을 것 같죠? 성직자들은 놀고먹는 것 같죠? 하루라도 그들과 바뀐 삶을 살게 된다면 자신의 노동이 얼마나 편한지 알게 될 것이다. 사람은 자신이 하는 일이 가장 힘들다 생각하고 사는 이기적인 동물이다. 일이 안 맞아서 직장을 이리저리 옮기지만, 딱히 나와 맞는 일을 찾지 못할 것이다.

그러니, 마음을 바꿔먹는 것이 가장 빠른 지름길이다.

✦ 문제삼지 않으면 문제가 아니다

원효가 깨달음을 얻기 위해 중국으로 유학을 떠나는 길이었다. 도중 그만 날이 저물어 동굴 속에서 잠을 자게 되었다. 한밤중에 목이 말라 더듬더듬 물을 찾다가 옆에 있는 바가지에 물이 담겨있는 것을 발견하고 시원하게 마신 다음에 다시 잠들었다. 아침에 일어나 보니 경악스러운 일이 원효의 눈앞에 펼쳐져 있었다. 내가 사용한 바가지가 해골임을 보게 된 것이다. 원효는 역겨움을 참지 못해 토악질을 할 수밖에 없었다.

그 순간 '일체유심조(一切唯心造)'를 깨닫게 되었다.

모든 것이 오로지 마음먹기에 달려있다는 것이다.

사람의 뇌는 현실과 상상을 구별하지 못한다. 그래서 어떠한 문제에 대해 문제를 삼지 않는다면 뇌는 문제라 인식하지 않는다. 내마음에서 문제가 아니라고 생각한다면 아무것도 아닌 것이다. 반면 모든 것이 문제라 생각한다면 뇌는 모든 것을 문제라 인식한다. 그리하여 내가 처한 상황을 모두 문제 있는 상황으로 만들어낸다. 내 스스로가 내 주위의 원자들을 문제가 있는 세상으로 만들어내는 것이다.

그래서 별것도 아닌 일에 대해 '전전긍긍'할수록 일이 점점 꼬여만 간다. 문제의 상황이 꼬리에 꼬리를 물고 불리한 상황으로 사람을 몰아간다. 그래서 부정적인 사람일수록 더욱 부정적인 삶을 살아가게 되는 것이다. 모든 것이 자신이 만들어낸 생각에서 시작되었음을 인지하지 못한 채 세상만을 탓하고 살아가게 된다.

반면, 긍정적인 사람은 문제를 문제삼지 않으니 문제의 상황이 나를 피해가게 되며, 좋은 환경을 본인 스스로가 창조해낸다. 성공한 사람은 인성의 유무를 떠나서 90% 이상 긍정적인 성격을 가지고 있음을 부인할 수 없을 것이다.

항상 부정적인 성격을 가지고 모든 것을 문제 있다 생각한다면 내 주위의 원자들은 불안정한 상황으로 물질을 만들어내게 되니 생각을 바꾸지 않는 이상 불행한 삶은 지속될 수밖에 없다.

✦고양이와 살면 좋은 점

고양이는 행복할 때 골골송을 부른다. 사랑받고 자란 고양이는 집사 품에 안겨 쉬지 않고 골골송을 부르며 우리를 편안하게 해준다. 연구결과에 따르면 그런 골골송이 사람에게 무척 유익한 효과를 낸다. 골골송의 주파수는 병원에서 진동치료로 사용하는 의료기기의 주파수와 비슷하여, 골골송은 사람의 몸에 전달되어 몸을 회복시키는 효과가 있는 것이다.

그리하여 사랑받은 고양이의 골골송을 가까이서 듣는 사람은 혈압이 낮아지고 심장질환의 위험 또한 40% 감소되며 다친 근육이나 뼈의 회복 속도가 빨라지고 호흡곤란을 치료하는 데 도움을 주며 스트레스 감소는 기본이라 볼 수 있다. 그리고 가장 중요한 것은 고양이를 보고 있으면 행복하다. 내 입꼬리가 언제 올라갔는지 항상 웃고 있는 나 자신을 발견한다.

고양이는 호랑이과의 동물이다. 작은 호랑이라 볼 수도 있는 것이 고양이다. 호랑이는 영물이며 잡귀를 내쫓는 기운을 가지고 있다. 그리하여 호랑이 그림이나 액자를 걸어놓아 나쁜 기운이 침범하지 못하도록 하기도 한다. 즉, 집에 살아있는 호랑이라 볼 수 있는 고양이가 있다면 호랑이 액자나 그림보다 더욱 강력한 잡귀 퇴치의 효험을 볼 수 있는 것이다.

악몽에 시달리는 경우 고양이 털 한 뭉치를 머리 위에 두고 자면 꿈자리가 편안하며 악몽에서 벗어나기도 한다(빗질 한 번이면 엄청난 털뭉치가 나온다). 고양이의 가장 큰 단점은 털을 미친 듯이 뿜어내는 것인데, 달리 생각해보면 그 털들이 나쁜 기운들을 정화하고 있는 중이다. 청소를 열심히 하더라도 다음날이면 또다시 아름다운 털들이 집 곳곳을 열심히 날아다니며 나쁜 기운을 정화시킨다. 결국은 고양이가 털을 많이 날리는 것도 퇴마의식의 하나인 것이다.

하지만 고양이를 부적으로 쓰겠다고 데려온다면 아무 소용이 없다. 사랑받지 못한 고양이는 항상 날카롭게 날이 서있기 때문에 골골송도 기운을 정화시키는 것도 한계가 있기 때문이다.

사랑을 받은 고양이만이 영물의 효험을 발휘한다.

또한 고양이를 키우다 버린다면 그동안 때를 엿본 잡귀들이 한번에 몰려들어오니 집안에 우환이 끊이지 않는 경우를 자주 목격한다. 그러므로 함부로 영물인 고양이를 키우는 일도 없어야 하며 만약 영물에게 간택을 당했다면 당신에게 반드시 좋은 행운이 깃들게 되는 것은 두말할 것 없다.

✦고양이를 훈련시켜라

강한 왕권을 유지하는 것에 대해 항상 고민하던 숙종 임금은 어느 날 꿈에서 신을 만나게 되었다. 신을 만난 숙종은 소원을 구걸하지 않고 점잖게 꿈에 대한 조언을 구한다.

숙종 : 신님~ 왕권을 유지하기 위해서 어떻게 해야 하는지 그 뜻을 좀 알려주시오~

신 : 고양이를 훈련시키라냥~

그리고 며칠 후, 우연찮게 노란 고양이가 숙종 임금 앞에 모습을 드러낸다.

숙종 : 짐이~ 너를 훈련시켜 내 옆에 두어 보살필 것이니 짐의 말을 따르라~

고양이 : 뭐래냥~ (긁적… 긁적…)

하지만 고양이는 훈련이 되지 않고 제멋대로였다. 그리하여 숙종은 고양이의 기분을 먼저 노곤노곤하게 풀어주기로 마음먹는다.

숙종 : 고등어를 구워오너라~!

신하 : 예~잇~!

그리고 고등어를 먹는 고양이를 쳐다본다. 고등어를 적당히 먹은 고양이는 앞발로 자신의 얼굴을 쓰다듬으며 얼굴을 살짝 찡그린다. 그 순간 숙종은 태어나서 처음 느끼는 감정에 당황하기 시작한다.

숙종 : 뭐지 이 느낌은… 옥정(장희빈)에게도 느낄 수 없었던 이 기분… 너무 귀여워… 아… 귀엽다냥~!

그 뒤로 숙종은 노란 발을 가진 고양이를 금손이라 이름짓고, 정무를 볼 때나 잠을 잘 때나 밥을 먹을 때도 항상 같이한다. 금손이가 먼저 기미하며 겸상을 하고 후궁들의 처소에 가는 것도 잊고 오로지 금손이에게 훈련되어버린다. 신이 고양이를 훈련시키라 했거늘 되레 고양이에게 훈련되어 집사가 돼버렸다.

하지만 숙종 임금은 완벽하게 신이 준 임무를 수행했음을 모르고 있었다. 고양이는 사랑을 할 때 신의 영역에 있는 높은 주파수를 발산한다. 고양이의 높은 주파수를 가까이하고 있는 사람은 에너지 흐름이 높아진다. 의학에서도 고양이의 주파수는 치료 장비의 주파수와 동일하다 검증하고 있다.

에너지가 높은 사람과 한 공간에 있는 것만으로도 몸과 마음이 치료된다. 높은 에너지의 사람과 고양이의 주파수는 동일하거나 혹은 그 이상이 되므로, 고양이와 한 공간에 있는 것만으로 높은 에너지의 영향권에 들어온 것이다.

단, 반드시 훈련된 고양이, 즉 내가 훈련되어 있어야 높은 주파수가 발산되며 나의 에너지의 흐름을 높여준다.

✦ 1초 만에 불쾌한 마음 가라앉히기

마음 수행이 전혀 되지 않은 사람들은 불쾌한 마음이 올라오면 그것이 자신의 마음이라 받아들이고 힘들어한다. 하지만 어느 정도 수행이 된 사람은 불쾌한 감정이 자신의 것이 아니라는 것을 알고 있으며 불쾌함을 그저 바라보게 된다. 그러나 마음 수행이 되어 있어도 불쾌한 감정은 쉽게 떠나지 않으며, 그것에 집착을 할수록 감정은 더욱 강력해진다.

그런 불쾌한 마음을 1초 만에 가라앉히는 비밀스러운 기법이 있으니, 그대로 따라한다면 기적 같은 일이 일어날 것이다. 이것은 마음 수행의 여부와 상관없이 누구나 바로 시작할 수 있는 기법이다.

1초 만에 불쾌한 마음을 가라앉히는 기법
1. 입술을 동그랗게 모아 '오' 소리를 낸다.
2. '오' 소리를 내면서 눈과 코와 입을 한 곳으로 모은다.
3. 두 번째를 행하면서 오른손을 벌리며, 오른팔을 끝까지 앞으로 내민다.

분명 불쾌한 감정이 사라졌을 것이다. 자신의 하는 행위가 너무 웃기니 자신을 보면서 어이가 없기도 하고 깔깔대면서 웃는 사람도 있을 것이다.

진리를 왜 진지함에서만 찾으려 하는 것이지?

실제로 유쾌하고 즐거운 감정은 에너지 차원을 상위로 이끌어준 다. 불쾌한 기분이 들 때 그 감정에 집착하지 않고 유머로 흩어버린 다면 절대로 하위 에너지로 끌려들어가지 않는다.

오늘부터 '오' 기법을 사용해보자.

✦영혼의 디톡스

사람은 자신의 육체만을 자신이라 여기는 무지한 생각을 하고 산다. 그리하여 오로지 육체만을 위해, 육체의 노예가 되어 한평생을 살아가게 된다. 이것은 마치 자동차가 자신이라 생각하고 사는 것과 같은 형상이다. 육체는 영혼이 타고 다니는 자동차에 불과함을 알지 못하는 것이다. 다만 물질세계에서 살아가는 우리는 인체라는 자동차를 아끼고 사랑해야 하는 것은 사실이므로 인체의 수명이 다할 때까지는 깨끗하고 건강하게 사용하여 깔끔하게 폐차시켜야 할 것이다.

영혼의 자동차인 육체를 건강하게 유지하기 위해 사람은 디톡스를 실행한다. 인체 내에 축적된 독소를 빼는 행위로 맑은 몸을 유지해 준다. 그러나 사람은 영혼의 독소도 정화시켜야 한다는 것을 생각조차 하지 않는다. 몸과 영혼이 모두 깨끗해야 완벽한 디톡스임을 알지 못한다.

영혼 디톡스의 핵심은 마음의 있는 부정적인 악의 마음을 밀어내는 데에 있다. 그리하여 디톡스를 실행할 때는 나쁜 것, 화가 나는 것, 부정적인 것을 보지 않도록 해야 한다. 그 후 행복한 것, 긍

정적인 것, 입가에 미소가 절로 지어지는 것들로 마음을 채워야
한다.

우선은 텔레비전을 끊고, 불편하고 싫은 사람을 만나지 않는 것
으로 시작한다. 그 후 내가 좋아하는 동물이나 행복한 영상만을
보면서 마음을 행복으로 채워야 한다. 그렇게 며칠을 지낸 후, 영혼
이 울리는 음악을 듣게 된다면 내 영혼이 전보다 깨끗해졌다는 것
을 본인 스스로가 느끼게 된다.

영혼의 디톡스 순서
1. 내가 있는 환경을 깨끗이 청소한다.
2. 붉은 고기를 당분간 먹지 않는다.
3. 부정적인 것을 듣지 않고, 보지 않는다.
4. 긍정적인 것만을 보고 듣는다.

   (3번과 4번을 6일간 실행한다)
5. 일주일째 되는 날 영혼을 울리는 음악을 들으면, 마음과 무관
   하게 눈물이 끊임없이 나오게 된다. 눈물은 영혼의 독소가 빠
   져나가는 영혼 디톡스의 마지막 반응이다.

✦ 절대 욕하면
안 되는 것

　욕이란 입에서 튀어나오는 고약한 에너지다. 하지만 가끔 혼자서 중얼중얼, 혹은 고래고래 욕을 한바탕 하고 나면 답답했던 가슴이 뚫리는 느낌이 든다. 혼자서 하는 욕은 스트레스 해소 방법의 하나이다. 그러므로 혼자 욕을 하면서 죄책감을 가질 필요는 전혀 없다. 넓은 마음을 가진 하늘에 대고 욕을 한다고 해도 하늘은 전혀 우리를 신경쓰지 않는다. 간절히 기도를 해도 들어주지 않으니 가끔 하는 욕은 절대로 귀담아듣지 않는 것이다. 하늘에게 욕은 우리의 앙탈로 들릴 뿐이다.

　사람들끼리도 쌈박질을 할 때 주먹보다는 욕이 먼저 튀어나온다. 서로 욕지거리를 하고 얼굴을 붉히며 상스러운 말이 오간다. 주먹다짐을 하는 것보다는 양반이니 욕을 해대며 쌈질을 하는 것도 그리 나쁘다고는 볼 수 없다. 하지만 욕을 하고 난 뒤에는 분명한 책임이 따라오는 것을 잊지 말아야 한다.

　우리는 은근히 욕을 많이 하고 살아간다. 날씨를 욕해대기도 하고 정치판을 욕해대기도 하며 되는 일 없는 나 자신을 욕해대기도 하고 싶은 사람을 욕해대기도 하는 삶을 살아가는 것이다. 그러나 나 혼자서 하는 욕은 앞서 말했다시피 스트레스가 해소되는 성분이며 나쁘다고 할 수 없는 것이다.

성직자들도 욕을 하고 살아가는데 우리 같은 사람들이 무슨 수로 아름다운 말만 쓰면서 살아갈 수 있느냐 말이다. 하지만 절대로 욕하지 말아야 하는 한 가지가 있으니 바로 나를 살려주고 나를 生(생)해주고 나의 생명을 유지해주는 음식이다. 계속해서 음식만 보면 맛없다고 투정을 부리고 음식에서 썩은 내가 난다느니, 쓰레기라느니, 밥을 먹을 때마다 투덜거리며 먹는 행위는 곧 죽음과 가까운 행위이다.

어떤 위대한 사람이라도 음식을 섭취하지 못한다면 죽는다. 그렇듯 음식은 절대적인 존재이며, 인간에게는 신과 같다. 그런 절대적 존재인 음식에 대고 항상 욕을 해대는 인간들이 있으니 그들은 음식에 대한 죄를 반드시 받게 된다.

음식의 소중함을 간절하게 깨닫게 될 정도로 궁핍해질 수 있으며, 호스를 꽂고 생명을 연장하는 삶을 살아가게 될 수도 있는 것이다. 그러므로 음식은 맛이 없어도 맛있게 먹어야 하며, 맛이 있다면 맛있다는 표현을 아끼지 않는 것이 음식에 대한 예의이다.

끊임없이 음식에 대해 욕지거리를 해댄다면 당신은 거지와 같은 삶을 살아갈 수밖에 없을 것이다.

✦ 귀한 것

귀한 것일수록 들춰내지 말아야 한다. 귀한 것일수록 감추고 소중히 생각해야 하는 것이다. 사람들은 무언가 일이 잘 풀리는 듯하면 사람들에게 자랑하고 싶어한다. 일도 성사되기 전에 그것이 내 것인 양 설레발부터 떨고 있는 것이다. 이런 경우 행운이 날아가는 일을 경험하게 된다.

주위를 둘러보면 미친 듯이 자신의 사랑에 대한 이야기를 끊임없이 하는 이가 있다. 텔레비전만 틀어보아도 마치 세상에 둘밖에 없는 듯 사랑에 대한 자랑거리를 늘어놓는다. 그러나 그렇게 들추며 사랑하는 이들 중 끝까지 그 사랑을 유지하는 이는 그다지 많지 않다. 오랜 시간이 흘러서도 마치 신혼인 양 사는 사람들도 있는데 겉만 봐서는 믿을 것이 못 되는 것이다.

그러므로 정말 진정으로 원하는 일이 성사되어가고 있을 때는 절대로 입 밖으로 내서는 안 되는 것이다. 혹은 지금 너무 행복하다고 해도 나만 알고 있는 것이 끝까지 행복을 유지할 수 있는 길이다.

그러나 그와 반대로 되레 들춰내는 것이 좋을 때도 있다. 찜찜한 꿈을 꿨을 때는 사람들에게 꿈 이야기를 하면서 꿈을 흘려보내는 것이다. 혹은 길한 꿈을 꿨을 때는 나만 혼자 알고 있는 것이 꿈을 귀하게 간직할 수 있는 방법이다.

말 많은 사람은 일이 풀릴 듯하면서도 그 끝이 완벽하지 않을 수 있는 것이며, 말 없는 사람들은 어느새 성공의 자리에 앉아 있다. 귀한 것을 감추어 나만 알고 있으므로 기운이 흩어지지 않는다.

✦ 귀신의 실상

　사람은 죽음에 들어서면 밝은 빛을 보게 된다. 빛을 따라 들어간 곳이 우리가 흔히들 알고 있는 저승의 세상이다. 그러나 현생에서 과한 욕망으로 살아간 사람이나 현생에 대한 집착이 강한 사람들은 빛의 밝기가 어두워 길을 찾아가지 못한다. 결국 죽은 자들이 길을 헤매어 저승으로 들어가지 못하고 현생에 남게 되며, 이승의 사람들은 그들을 '귀신'이라 부르게 된다. 귀신은 육체만 없을 뿐이며 살아있는 사람과 똑같은 모습이다. 그리하여 귀신을 보는 사람들은 사람의 형상과 같은 귀신을 경험한다. 그와 다르게 저승과 이승을 오갈 수 있는 성숙된 영은 빛의 형상이나 사람의 모습에 빛을 더한 모습이니 저급한 귀신과 고급령은 빛과 분위기에 따라 구분할 수 있을 것이다.

　저급 귀신은 살아생전에 에너지의 단계가 생존과 욕망의 단계인 1단계와 2단계의 흐름으로 살아간다. 귀신이 되어서도 같은 에너지 흐름을 탄다. 귀신들리는 사람들의 경우도 에너지의 흐름이 욕망과 생존의 하위 에너지인 경우가 대부분이며 귀신과 하위 에너지의 사람이 주파수에 의해 만나게 된다면 귀신과 합일을 이룬다.

문제는 귀신이 들렸음을 알아차리는 사람도 있지만 본래 성격 자체가 욕망이 강하고 분노, 우울, 두려움, 시기, 질투 등이 많은 성향이라 귀신이 들려도 알지 못하고 그대로 살아간다.

사람이 선한 마음을 가지고 살아야 하는 이유에는 여러 가지가 있지만, 그 중의 하나는 귀신의 농락에 당하지 않기 위해서이다.

명상은 상위 에너지와 합일을 이루는 것을 목적으로 하고 있다. 에너지의 영향을 받아 선하고 긍정적인 마음과 직관이나 영감을 얻게 된다. 하지만 마음에 불안과 욕망이 강한 상태에서 명상을 하게 된다면 하위 에너지와 합일을 이루어 귀신들리는 일이 생기기도 한다.

귀신이란 빛을 따라가지 못하고 이승에 남은 불쌍한 영혼의 일부분이다. 그러므로 부모님 혹은 누군가의 임종을 지킬 때는 당신은 귀한 분, 사랑이 가득한 분이라는 사랑의 에너지가 담긴 말들과 함께 빛을 따라가도록 인도해 주는 것이 중요하다.

"사랑이 가득한 당신, 빛을 따라가세요."

✦ 무소유와 풀소유

무소유란 아무것도 가지지 않는 것이 아니라 불필요한 것을 갖지 않는 것이다. 만약 극단적 무소유를 실행하게 되는 경우 산에 가서 풀만 뜯어먹고 살아야 하고, 나뭇잎으로 몸뚱이를 가리는 원시적인 생활을 해야 할 것이다. 그러므로 무소유의 의미를 지혜롭게 해석할 수 있어야 한다.

현재 우리는 언제 어디서나 소비할 수 있는 최적화된 사회시스템 안에서 살아가고 있다. 스마트폰만 있다면 어떠한 장소에서든 소비가 가능하고 지구촌의 어떤 나라에 있는 물건이라도 터치 한 번으로 물건을 구입할 수 있는 세상에 살고 있다. 24시간이 모자랄 정도로 소비의 유혹이 넘쳐나니 우리는 언제나 과소비를 하고 후회하며 또다시 소비하는 패턴을 반복한다.

소비의 홍수 속에 살고 있는 우리는 무소유를 실천해 볼 필요가 있어 보인다. 하지만 막상 무소유를 실행하려고 하니 어떤 것을 사야 하고 어떤 것을 사지 말아야 하는지 영 감이 오지 않을 것이다. 아니면 있는 물건들을 내다버려야 하는 건지 생각해보기도 한다.

하지만 무소유 법칙은 매우 간단하다. 물건을 구입하기 직전 딱 한 가지 생각만을 하면 된다. 과연 이것이 진짜 내가 필요해서 사는 것인지, 타인의 시선에 의해서 사려고 하는 건 아닌지 생각을 하는 것이다.

24평에 살아도 충분하지만 무리하게 45평 아파트를 구입한다거나, 있어 보이기 위해 고급 세단이나 외제차를 구입하기도 하고, 양파나 마늘 따위를 넣는 마트 가방을 12개월 할부로 지르기도 한다. 혹은 남들이 다 사니까 사는 물건, 남들이 다 하니까 하는 행위는 무소유가 아닌 풀소유의 정신이라 볼 수 있다.

사람이 풀소유의 정신을 가지고 살아간다면 반드시 타인과의 비교를 하면서 살아갈 수밖에 없으며 진정으로 내가 가지고 싶은 것이 무엇인지조차 잊어버리고 불필요한 물건으로 인하여 마음의 여유도 없어지게 된다.

사람이 마음의 여유가 없어질수록 타인을 위하는 마음보다는 나를 위하는 마음이 먼저가 되니, 시기하고 질투하게 되며 타인과 비교하여 물건을 구매하고 잠깐의 승리감에 젖어들지만 또다시 나보다 더 좋은 것을 가진 사람을 만나게 되므로 악순환이 반복될 수밖에 없다.

사람의 육체는 내 영혼이 머무르는 집일 뿐이며 진실된 나는 내 영혼이다. 이 세상에 진귀한 것들을 모두 가진다고 해도 결국은 내 것이 아닌 것이다.

✦ 검소와 인색

검소한 사람은 화려하고 넘치는 음식을 좋아하지 않는다. 이렇게 많은 음식은 모두 먹지도 못하고 쓰레기가 된다는 것을 알고 있는 것이다. 음식을 소중히 생각하니 적당한 음식만을 섭취하며 음식을 남기지 않는다.

검소한 사람은 물건을 오래 사용한다. 모든 것이 태어남에 이유가 있는 것이니 어떠한 것이든 소중히 사용하는 것이다. 만약 새로운 물건을 구입하려는 마음이 생긴다면 생각이 깊어진다. 내가 새로운 것을 구입하면 기존의 물건은 버림받는 입장이 된다는 것을 말이다. 그리하여 몇 번이고 생각하여 결정하는 신중함을 보인다.

검소한 사람은 사람도 소중히 생각한다. 내가 사랑하는 사람들을 만날 때는 돈을 아끼는 모습을 보이지 않는다. 그들에게 힘들고 어려운 처지가 생긴다면 기꺼이 돕는 모습을 보인다. 결국 검소하다는 것은 모든 것을 사랑하는 마음이다.

사람들은 검소와 인색을 동일하게 생각하는 경우가 있는데, 검소와 인색은 하늘과 땅 차이임을 알지 못하기 때문이다. 인색한 사람은 남이 사준 진수성찬을 좋아하고, 돈을 쓰기 싫어서 사람을 만나지 않으며, 오로지 자신만을 위해 살아간다. 인색하다는 것은 이기적인 것이다.

하늘이 그들을 내려다볼 때 검소함은 '사랑'이며, 인색하다는 것은 '거지'로 보게 된다. 그리고 그에 맞는 선물을 주게 된다.

✦ 스트레스 받지 않는 법

스트레스를 받지 않는 법이 존재한다고?

먼 옛날 인류는 몸을 안전하게 보호해 주는 집도, 날카로운 무기도, 쌈박한 지혜도 가지고 있지 않았다. 그런 인류는 언제나 위험에 노출되어 있었으며 그 중에서도 맹수는 언제든지 마주칠 수 있는 두려움의 최고점이었다. 열심히 풀을 캐고 작은 동물을 사냥하면서 먹을 것을 구하고 있을 때 어디에서든 맹수를 만날 수 있었다. 그때 인류가 할 수 있는 방법은 맹수로부터 도망가는 것뿐이었다. 만약 약한 인간이 위험을 감지하지 못하고 초 긍정적인 눈으로 맹수를 바라보았다면 어떻게 됐을까?

"안녕~ 맹수~ 난 인간이라고 해~!"

"후아유?"

…인류는 멸종되었을 것이다. 스트레스는 스스로를 보호하기 위해 만들어진, 위험을 감지하는 프로그램이다. 내가 살고자 하는 욕망이 스트레스이며, 스트레스가 강해질수록 살고 싶은 마음이 강

해지는 것이다.

결국, 스트레스 없는 나의 세상은 존재하지 않으며 스트레스를 받지 않는 법 또한 없다. 그러나 스트레스를 조절하는 방법은 있다.

빠른 방법으로 스트레스를 날려버리는 것은 몸을 움직이는 것이다. 맹수를 만났을 때처럼 죽어라 뛰는 것이다. 2~3분 정도 전속으로 달리게 된다면 스트레스 호르몬은 마법처럼 줄어들게 된다.

또 한 가지는 긍정적으로 생각하는 마음이다. 나를 살리고자 스트레스가 찾아왔구나 생각하며 반갑게 받아준다.

"안녕~ 스트레스~ 언제나 위험을 감지해 줘서 고맙구나~ 너 때문에 내가 늙어죽을 수가 있어~! 죽지 않게 해줘서 매우 고마워~"

✦ 내가 잘 할 수 있을까?

어떠한 무언가를 시작할 때 사람들은 고민한다.

과연 내가 잘 할 수 있을까?

당연히, 잘 할 수 없다.

어떤 것이든 처음부터 잘 하는 사람은 존재하지 않는다. 처음부터 무언가를 잘 한다는 것은 마치 갓난아이가 배가 고플 때 "어머니, 배가 고프니 젖을 좀 먹어야겠습니다"라고 말하는 것과 다르지 않다.

"어머니, 오늘은 젖이 좀 짜군요. 염분을 드셨나 봅니다."

잘 하는 것이 중요한 것이 아니라 무엇이든 시작하는 것이 중요하다. 처음에는 갓난아이의 처절한 울음소리와 같이 시작된다. 어설프며, 원하는 것을 잘 표현할 수도 없고, 정확히 표현할 수도 없지만 하다 보면 잘 할 수 있게 된다.

시작한 지 얼마 되지도 않아 좌절한다는 것은 유치원생이 달리기 시합에서 '우사인 볼트'처럼 뛰지 못하는 것을 자책하는 코미디 같은 일이다. 당신이 현재 어설픈 것은 지극히 정상이다.

✦ 누워있다

사람은 죽음에 가까워질수록 누워있는 시간이 길어진다. 그리하여 누워있는 사람이 가장 많은 곳은 병원이며 다시 일어나지 못한 채 죽음의 길로 들어선다. 즉, 누워있다는 것은 죽음의 기운이며 살아있는 에너지가 계속해서 고갈되는 음의 기운이다. 일이 없고 답답할 때 사람은 누워 지낸다. 아무것도 하기 싫은 상태이니 누워서만 생활하게 된다.

흉운에 잠을 자는 행위가 나쁘다고만은 할 수 없지만 너무 누워만 지낸다면 흉운이 지나고 길운이 들어올 때 회복 탄력성이 급격하게 떨어지니 길운을 받아들이는 데 누워있었던 시간만큼의 기간을 소모해야 한다.

흉운에는 아무것도 하지 않아도 되지만 누워만 있는 것은 극도로 불길하다고 볼 수 있는 것이다. 아무것도 하지 않더라도 움직여야 내 자체의 에너지가 무너지지 않는다.

계속해서 누워있는 것은 운행하지 않는 자동차의 배터리가 방전되는 것과 같다. 기회가 생겨 운전대를 잡았지만 배터리가 나가서 기회를 잡지 못한다. 누워만 지낸다면 나의 에너지가 방전되니 기회가 오더라도 잡지 못한다.

그러므로 움직여야 한다.

움직인다는 것은 내가 살아있음을 느끼는 것이며, 에너지의 순환을 원활하게 유지한다는 것이다.

서있어라.

그리고 움직여라.

그래야 살 수 있다.

✦ 인연의 길이

세상을 살다 보면 우리는 수많은 사람과 만나고 헤어지는 것을 반복한다. 어린 시절 만났던 친구들, 대학 친구들, 사회에 나와 만나는 동료들… 내가 지금 있는 환경에서 만나는 사람들이 지금 나와 가장 가까운 사람들이며 가장 많은 시간을 함께한다. 다시 환경이 바뀌면 인연의 깊이는 달라지며 또 다른 사람들과 가장 가까운 인연을 만들어가게 되는 것이다.

어린 시절 죽고 못 살았던 친구들과는 만남이 줄어들며 내가 처해 있는 환경에서 만나는 사람이 또다시 나의 가장 친한 친구가 된다. 내가 있는 환경을 무시한 채 전에 만났던 인연들에게만 집착을 하게 된다면 나의 마음은 불안정할 수밖에 없다.

평생 함께하는 인연은 존재하지 않는다. 결국은 부모도 먼저 떠나버리며, 배우자와 한날한시에 죽을 수 없고, 자식 또한 자신의 짝을 찾아서 나를 떠나는 것이 인생이다.

결국은 어떠한 인연이든 평생 함께 한다는 것은 집착일 뿐이다.

인연의 길이라는 것은 하늘에서 정해준 것인데 스스로가 집착하여 끈을 놓지 못한다면 인연의 선이 엉켜버려 정작 만나야 하는 인연을 만나지 못하는 일이 생기게 된다.

부모와의 인연이든 남녀 간의 인연이든 친구와의 인연이든… 모든 인연에는 길이가 있으며 과거는 결국 과거일 뿐이다. 과거는 추억으로 간직하고, 현재 내가 만나고 있는 인연들과 다시금 추억을 만들어가는 것이 인연의 길이며 인생이다.

✦ 사이비에 빠지는 이유

사람은 누구나 외롭다. 외로움을 받아들이며, 혹은 극복하고, 그 냥 그렇게 살아간다. 부모가 있어도 외롭고, 친구가 있어도 외로우 며, 배우자가 있어도 외롭다. 심지어 사람들에게 둘러싸여 있는 사 람조차 외로움을 안고 살아간다.

나의 공허한 마음과 슬픔을 둘로 나눌 수는 없는 일이다. 온전히 나 혼자서 받아들여야 하는 마음이다. 그저 사람들에게 이야기하 며 위로를 조금 받을 뿐이며 그 위로를 통해 외로움을 조금은 덜어 낸 채 상처를 치유하며 살아가는 것이다.

그러나 어떠한 이들은 힘들고 괴로운 일을 누군가와 같이 나눌 수 있을 거라고 생각한다. 나의 마음을 알아주는 이가 있을 거라 생각하며 무언가 정답이 있다고 생각한다. 그러한 마음을 비집고 들어오는 것이 사이비 집단의 첫 번째 경로이다.

나와 같은 마음을 하고 나의 슬픔을 모두 나눠 가져주며 시간이 흐를수록 집단 소속감에 마음이 안정되는 것이다. 아닌 줄 알면서 도 이미 영혼이 갇혀버렸다. 사이비 집단을 나오기는 가족을 버리는 것보다 힘든 일이다.

이단종교에 미친 듯이 빠져드는 이유는 영혼의 허탈함을 인정하지 못하는 마음에서 온다. 나만 이렇게 힘들게 살고 있는 듯하며 다른 사람들은 모두 행복해 보인다.

인정해야 한다.

누구든… 영혼은 허탈하고, 마음은 공허하다.

그것이 인생이며, 모두 그렇게 살아간다.

마음의 공허함을 채우려는 마음이 병을 만들어가는 것이다. 공허함은 공허함으로 남기고 살아가는 것이 인생이다.

인정하고… 그저 그렇게 살아가야 하는 것이다.

온전한 마음의 안정을 찾아주겠다는 것은 사기이다. 누군가로 인하여 내 마음의 안정을 찾지는 못한다. 오로지 내가 스스로 찾아야 하는 길이다.

정신이 흔들리는 경우 헛소리가 진실된 소리로 들리게 된다. 그리하여 사이비들은 정신 나간 사람을 물색하는 것이다.

결국 사이비에 빠지는 이유는 정신적 문제와 외로움이다. 개소리
는 결국 개소리일 뿐이라는 것을 안다면 사이비에 빠지지 않는다.

✦ 가난을 위한 집 안 풍수

현관문을 열고 들어가니 정면에서 거울이 나를 맞이한다.

[가난 +1점]

신지도 않는 온갖 신발들이 난장판을 이루고 있으며 쓰레기를 현관에 방치하였다.

[가난 +1점]

집에 발을 들이는 순간 화장실이 정면에 자리잡고 있다.

[가난 +1점]

거실에는 부조화스럽고 큼직한 소파가 자리잡았다.

[가난 +1점]

부엌으로 들어서자 식탁에 온갖 약병들과 약봉투들이 즐비하다.

[가난 +1점]

싱크대는 설거지로 가득 차있으며 주방 칼들이 눈에 잘 보이게 나와있다.

[가난 +1점]

안방으로 들어가니 잡스러운 액자들과 거울들이 많이도 걸려있다.
[가난 +1점]

거실인지 안방인지 구별이 되지 않게 온갖 잡물건들이 쌓여있다.
[가난 +1점]

아이들 방에도 창고와 같이 안 쓰는 물건을 쌓아놨다.
[가난 +1점]

점심시간이 되자 아까워서 버리지 못하는 이빨 나간 그릇들에
찬을 담는다.
[가난 +1점]

밥을 먹고 동네를 한 바퀴 돌다 보니, 쓸 만한 물건들을 많이도
내다 버렸다. 가뜩이나 짐 때문에 답답한데, 알 수도 없는 물건이
또 집으로 들어왔다.
[가난 +1점]

저녁식사를 위해 냉장고 문을 여니, 정리되지 않은 오래된 음식
냄새가 진동한다.
[가난 +1점]

짝 맞지 않는 젓가락으로 또 밥을 먹고 있다.

[가난 +1점]

만점을 받은 당신은 충분히 가난해질 자격이 있는 사람이다.

✦오래 사는 법

고양이들을 예로 들어보자.

길고양이와 집고양이는 같은 고양이지만 수명의 차이가 5배이다. 길고양이는 3년밖에 살지 못하지만 집고양이의 수명은 무려 15년인 것이다. 같은 사람으로 태어나도 어떤이는 서른이 되기도 전에 죽고, 어떤 이들은 여든이 되어서도 젊은 사람 못지않게 정정하게 살아간다. 태어나는 데는 순서 있어도, 가는 데는 순서 없다는 말이 실감된다.

어떻게 하면 오래 살 수 있을까?

동거묘 고양이들을 관찰해보면 먹고 싶은 것만 먹는다는 것을 알 수 있다. 아무리 몸에 좋은 음식을 갖다주어도 자기네가 싫으면 뒤도 돌아보지 않고 가버린다. 또한 먹고 싶은 음식이 있어도 적당히 먹으며, 절대로 과식을 하지 않는다.

그와 달리 길고양이들은 먹을 것이 없으니 우선 어떤 것이라도 배를 채울 수만 있다면 한번에 많은 양을 섭취한다. 그것도 주위의 적들과 사람들의 눈치를 보면서 밥을 먹는 것이다. 소화가 제대로 될 리가 없을 것이다. 항상 불안정감을 갖고 살아가니 잠도 제대로 잘 수 없어 평생을 스트레스에 노출된 채 살아간다.

경쟁자들과는 다툼이 끊이지 않고, 겨울에는 얼어 죽고, 여름에는 더위와 전염병에 죽어간다. 교통사고로 죽고, 사람에 의해서 죽고, 짧은 3년의 시간 동안 단 한번도 편안한 삶을 살지 못한다. 집고양이들이 가끔 일찍 죽는 경우도 있는데 이는 물을 자주 섭취하지 않는 경우에 온갖 병에 시달려 무지개다리를 건너게 되는 경우이다. 그래서 오래 살기 위해서는 집고양이와 같은 패턴으로 살아가면 되는 것이다.

1. 먹고 싶은 것만 먹는다. 억지로 먹었다가는 위장에서 소화를 시키지 못하여 병이 생긴다.
2. 물을 자주 섭취한다.
3. 잠을 잘 수 있을 만큼 잔다.
4. 쓸데없는 생각을 하지 않는다.
5. 눈치보지 않고 산다.
6. 무리한 경쟁을 하지 않는다.
7. 스트레스는 생명선을 갉아먹는다.
8. 즐겁게 산다.
9. 사랑하면서 산다.

10. 특별히 할 일이 없을 때는 또 잔다.

위의 열 가지만 실천하며 살아간다면 누구나 오래 살 수 있을 것이다.

✦ 야옹~♡

고양이들과 한 지붕 아래 산 지 3년이라는 시간이 지났다. 나는 사람이고 고양이는 고양이기 때문에 우리는 서로를 알지 못했다. 나는 나대로 사람 말을 하고 고양이는 고양이답게 야옹거렸다. 그래도 우리는 끊임없이 대화했다.

그러던 어느 순간, 고양이의 말이 들리기 시작했다.

야~ 옹~!

야옹~ 야옹~

야옹옹~

그저 야옹거리는 소리일 뿐이지만… 나에게는 확실하게 그 소리가 들리기 시작하는 것이다. 간식 내놔라냥~ 쓰담하라냥~ 심심하다냥~

드디어 우리는 커뮤니케이션이 가능해졌다. 우리는 서로를 끊임없이 사랑했고 상대방이 무엇을 바라기 전에 먼저 양 손을 내밀었다. 만약 서로가 관심 없이 지냈다면, 오로지 내 기준에서만 생각했다면 우리는 끝까지 서로의 말을 알아듣지 못했을 것이다.

남녀 사이도 이와 다르지 않다. 남자와 여자는 같은 종족이지만 고양이와 사람처럼 전혀 다른 이야기를 하기도 한다. 그리하여 서로가 상대방 말에 귀를 기울이지 못할 때, 오로지 내 기준에서만 생각할 때는 연애를 오래 하건 결혼생활을 하건 평생 서로 알아듣지도 못하는 말만 하며 교감과 감정 없는 삶을 살아가게 되는 것이다.

인간은 이성의 동물이라고 하였던가?

누군가와 한집에서 살다 보면 이성보다 중요한 것은 감정이라는 것을 곧 깨닫게 된다. 즉, 이성의 동물이라는 탈을 쓴 감정의 동물이 사람인 것이다. 그리하여 감정 없는 삶을 살아가라는 것은 사람에게 껍질뿐인 삶을 살아가라는 것과 같은 것이다. 그것은 형벌이며, 곧 지옥이 되기도 한다.

나는 3년 정도 고양이와 살고 난 후 고양이와 대화가 가능해졌다. 사람과 고양이도 3년을 같이 살면 대화가 되는데, 하물며 같은 사람끼리 3년 후에도 서로 알아듣지 못하는 이야기만 하고 있다면 그 관계는 이성이든 동성이든 서로 발전이 없는 관계라 볼 수 있는 것이다.

✦ 인간관계의 유통기한

한 사람과 한 사람이 만나 두 사람이 된다. 그리하여 숫자 2를 결합의 숫자라 부르기도 하며 분쟁의 숫자라 부르기도 한다. 인간은 혼자 있게 된다면 아무런 분쟁도 일어나지 않는다. 하지만 누군가와 결합하는 순간 분쟁과 대립이 같이 따라오게 되니 인간관계란 그저 결합과 분쟁의 연속이라 볼 수 있을 것이다.

사람은 혼자 태어나고 혼자 죽는 외로운 동물이다. 사람들과 어울리면서도 혼자만의 외로운 시간을 가지며 성찰하고 성장한다. 혼자만의 시간이 없다면 인간은 불안정해지기도 한다.

그리하여 청소년기에는 나만의 방을 원하며 성인이 된 후는 독립을 원하고, 결혼을 하고 나서도 나만의 공간을 갈망하며 집착하게 되는 것이다.

결혼 적령기에 들어선 사람들의 경우 부모와의 대립이 자주 일어나는 것을 볼 수 있다. 부모님의 사주를 내밀며 내가 부모님과 궁합이 맞지 않는 건지 고민한다. 하지만 부모와 자식의 궁합은 별개의 문제이며 서른 살 이후 부모님과 같이 살아가게 될 때는 누구나 부모와의 분쟁으로 힘들어하게 된다. 즉, 부모님과 친밀한 관계의 유통기한은 서른 살 이전까지인 것이다.

연애를 시작하고 나서 친구들의 연락은 뒤로한 채 오로지 두 사람만의 관계에 초점을 맞추어 생활하는 연인들도 많다. 여행도, 쇼핑도, 고민도, 모든 것을 그 둘만이 공유한다. 하지만 3년이 지난 후에는 권태가 찾아오게 되며 친구가 그리워진다. 오로지 둘만이 형성할 수 있는 관계 또한 유통기한은 3년인 것이다. 결혼을 하고 나서도 3년 후 첫 번째 고비가 찾아오는 이유도 같은 맥락이다.

그러므로 인간관계의 유통기한을 최대한 길게, 혹은 평생을 바라본다면 서로를 인정해주고 각자가 할 수 있는 일들을 찾아야 한다. 오로지 한 사람과 모든 것을 다 공유하겠다는 마음을 갖는다면 그 인간관계는 3년 후부터는 불안정한 관계로 지속되거나 관계의 파국을 맞이한다.

✦ 내 안의 나쁜 악마와
착한 악마

　내 마음에는 악마와 천사가 살고 있다. 악마는 하루종일 쉴 새 없이 떠들어대는 녀석이며 천사는 말이 없다. 떠들어대는 악마 녀석에게 누군가 가끔 말을 건네는 듯하다. 악마에게 말을 건네는 그도 다름아닌 악마이다. 그 둘은 같은 마음이면서도 다른 마음을 지니고 있다.

　한 녀석은 나쁜 악마로 우월감과 자만, 괴로움, 두려움, 분노, 질투 등 인간이 가진 모든 나쁜 마음을 가지고 있다.

　'저 사람은 왜 저러고 사는 거지…'

　'저 사람 진짜 무식하군…'

　'저 사람 재수 없어…'

　'내가 왜 이런 사람들과 어울려야 돼…'

'저 따위 인간이 뭔데 내가 갖지 못한 것을 가지고 있는 거야…'

'저리 될 줄 알았다니깐~ 저러고 사니깐 저런 일이 생기지…'

'내 인생은 왜 이렇게 힘든 거야…'

나쁜 악마는 타인 위에 서서 자기 자아의 우월함을 합리화한다. 한편으로는 타인과 비교하며 자신을 한없이 초라한 사람으로 몰고 간다. 대부분 사람의 마음에는 90%를 나쁜 악마가 차지하고 있다.

그래서 착한 악마의 마음 지분은 적을 수밖에 없으며, 착한 악마가 할 수 있는 말조차 두 가지뿐이다.

'나쁜 마음 그만해'

'그건 네 마음이 아니야'

착한 악마가 나쁜 악마와 싸운다는 것은 거인과의 싸움이다. 하지만 착한 악마의 목소리가 점점 커질수록 나쁜 악마의 크기는 점점 줄어든다. 그리고 착한 악마의 지분이 51%를 넘어가게 될 때 말이 없는 천사를 만날 수 있다.

✦ 나는 '행위자'이다

우리는 갓난아이 시절의 기억이 없다. 하지만 시간이 지날수록 관념이 쌓여가며 기억들도 만들어진다. 관념이 쌓이면서 우리는 감정들도 만들어내며 그 감정으로 인해 성격이 만들어지고, 그것이 나 자신이라 생각하며 살아간다.

결국 내가 나라고 하는 '자아'는 내가 아니다.

세상에 의해 만들어진 프로그램일 뿐이다.

만들어진 관념과 감정은 나의 '자아'를 지배하며, 그것이 '나'라고 주입한다. 프로그램이 주입된 나 역시 그것이 나라고 생각하며 의심 없이 살아가게 된다.

나는 '분노'를 하지만, 그 '분노'는 사실 내가 아니다. 만들어진 감정일 뿐이다, 나의 영혼은 '분노'라는 것을 알지 못했다. 프로그래밍된 감정에 의해 그게 나라고 여기며 힘들어하고 괴로워한다. 나는 괴로워하지만 괴로움 또한 내가 아니다. 괴로움 또한 만들어진 감정 프로그램일 뿐이다.

모든 감정은 프로그램에 의해 만들어진 것이며 그것은 결코 내가 아니다.

나는 분노도 아니며, 괴로움도 아니고, 자만도 아니며, 질투도 아니다. 그 감정들은 내가 아니며 나는 오로지 그것을 행하고 있는 행위자일 뿐이다. 행위를 하면서 나는 그 감정이 나라고 착각하고 힘들어한다.

일을 할 때도, 밥을 먹을 때도, 잠을 잘 때도 나는 그것들이 아니다. 나는 그것을 행하고 있는 '행위자'일 뿐이다. 내가 힘들어하는 모든 것들은 내가 아니다. 관념이 없어진다면 나는 본래의 나를 찾게 된다. 행복, 사랑, 고요, 평화가 남게 되며, 그것이 나의 영혼이다.

본래의 나는 행위자가 아니다. 본래의 나는 나이다.

나는 '행복'이다.

나는 '사랑'이다.

나는 '고요'이다.

나는 '평화'이다.

프로그램으로 만들어진 거짓된 나는 그것이 나라고 착각하게 만든다. 하지만, 나는 기어코 그것들이 아니다.

나는 '괴로워'가 아니다. 나는 '괴로워한다'이며, 나는 괴로움이 아닌 한다이다.

나는 '힘들어'가 아니다. 나는 '힘들어한다'이며, 나는 힘듦이 아닌 한다이다.

나는 '두려워'가 아니다. 나는 '두려워한다'이며, 나는 두려움이 아닌 한다이다.

나는 그것들이 아니며 만들어진 그것들로 인하여 로봇처럼 움직이고 생각하고 있는 '행위자'이다.

나오며

똥

나는 너를 매일 만난다.

그러나 너를 누구에게도 보여줄 수 없다.

하지만, 나는 너를 알아야 한다.

나

나는 너를 매일 만난다.

그러나 너를 누구에게도 보여줄 수 없다.

하지만, 나는 너를 알아야 한다.